Rudolf Steurer

Heiteres Weinverkosten

RUDOLF STEURER

Heiteres Weinverkosten

VERLAG NIEDERÖSTERREICHISCHES PRESSEHAUS
St. Pölten–Wien

3. Auflage, 1998

© 1993 by
Verlag Niederösterreichisches Pressehaus
St. Pölten–Wien

Einband, Grafiken und Layout:
F. J. Sochurek, St. Pölten

Gesamtherstellung:
Niederösterreichisches Pressehaus
Druck- und Verlagsgesellschaft mbH.
A-3100 St. Pölten, Gutenbergstraße 12

ISBN 3 85326 987 7

Inhalt

Vorbemerkung

Im Wein liegt Wahrheit. Auch in jedem treffenden Witz liegt immer Wahrheit. Wieviel Wahrheit muß da erst in jenen Witzen liegen, die den Wein zum Gegenstand haben und in geselliger Runde bei einem guten Tropfen zum besten gegeben werden. Den psychologischen Hintergrund des Erdenkens und Erzählens von Weinwitzen zu erhellen, müßte dabei Gegenstand eines gesonderten Buches sein: hier wirken sowohl sympathische als auch recht bedenkliche menschliche Eigenschaften mit. Sie reichen vom toleranten Verstehen bis zu Aggressivität und Bosheit.

Neben Witzen hat die Weingeselligkeit auch viele Gedichte um und über den Wein entstehen lassen. Manche davon eignen sich ganz besonders zum Vortrag bei Weinverkostungen. Das gilt ebenso für die nicht selten anzutreffende aufgeblasene Formulierungssucht von Weinsnobs oder professionellen Berufsschwelgern. Auch solche Beispiele aus Weinbeschreibungen oder Weinvorstellungen eignen sich wohl für heitere und unbeschwerte Stunden beim Wein. Ebenso alt wie der Wein sind die Spruchweisheiten und Aphorismen über ihn. Die Verbundenheit des Weines mit der Poesie spannt ihren Bogen bis in die heutige Zeit. Volksmund, Dichter und Philosophen haben oft in trefflicher Kurzform die Wahrheit und Weisheit des

Weines zum Ausdruck gebracht. Und das Beste davon wurde hier zusammengetragen.

So präsentiert sich das vorliegende Büchlein als eine bunte, humorvolle Sammlung von Weinwitzen, Gedichten, Verirrungen bei Weinbeschreibungen und von Aphorismen, die den Leser zu unbeschwerter Heiterkeit verleiten und ihm bei Weinverkostungen im fröhlichen Kreis Stoff für die Unterhaltung seiner Weinfreunde in die Hand geben will.

Rudolf Steurer

Die Blauburger-Periode

Josef Weinheber

Alt-Ottakringer Pilgerfahrt

Herr Koller, ein Mann nach der Väter Art,
beginnt jedes Werk mit großem Bedacht.
Begibt sich schön sacht auf die Pilgerfahrt
des Abends um halb acht.

Beim Kaspar, einst Gräf, im alten Ort,
da sammelt er sich für den künftigen Strauß.
Der Rosenklub tagt und der Pfarrer sitzt dort:
Es ist ein christliches Haus.

Hier nimmt er zwei Achtel nach Fug und Brauch:
»Alt, alt – ja, ja – denn der Heurige, nein,
der legt seinen Kalk in Adern und Bauch
und knistert bös im Gebein.«

Sein Antlitz ist rot wie ein Feuerbrand,
und ein Banner weiß, steht der Bart darin.
Und so, zwischen Lipp und Kelchesrand,
läßt er sein Fürzchen ziehn.

Begibt sich – nur Leute von Stand und Gewicht
begeben sich, merkt es – begibt sich sodann,
die blumige Weste mit Würde gericht',
zum Haimböck ein Stück obenan.

Ein Viertelstündchen sieht hier ihn bemüht
um des Burgenländers schmeckende Kost.
Zwei Achtel nur sind's, daß kein Unglück geschieht
und daß die Kehle nicht rost'.

Dann quert er die Straße, die Weste geschwellt,
mit den juchtenen Stulpstiefeln bis unters Knie,
blinzelt zum Himmel, schneuzt sich und hält
wie die Pflicht bei der Zehner-Marie.

Ein Achtel, und dieses nur gleichsam im Flug.
Kein Christengewinn ist's für unseren Mann.
Die Biederkeit fehlt, und teuer genug
läßt sich der Schilcher an.

Er kämpft es durch, und gesammelt sticht
er in den bewegteren Wogengang.
Zwei Achtel beim Wagner, und sein Gesicht
ist wieder von Kampfmut blank.

Doch der Weg ist weit, und er sieht sich vor;
und beim Stritzl ist's nur ein Achtel mit Gieß.
Dann geht's in die Weite, den Hut auf dem Ohr
und ein wenig schon ungewiß –

Jetzt kreuzt Herr Koller im offenen Meer.
Eine steife Brise treibt ihn hindann.
In der Erdbrustgasse, die See geht schwer,
legt er zum Löschen an.

Ein Achtel beim Völkel. Herr Koller zieht
durch die Zähne das Ottakringer Gefechs.
Der Himmel besternt sich, die Glatze sprüht,
es zittert der Nase Gewächs.

Er kämpft es durch . . .

Und am Berge der Türk. Die Entscheidung ist nah.
Wie ein Irrwisch schwankt überm Tore das Licht.
Und Herr Koller sagt nein, doch der Wein,
    der schreit ja,
da ist kein Ausweg nicht.

Und hinein in die Schlacht! Sechs Achtel und acht!
Wie ein Sturmsegel bauscht sich der Weste Panier.
Herr Koller liegt steif um zwölf in der Nacht
vor dem Schanktisch unterm Klavier.

Witze

rund ums Weintrinken

Abendessen

Der Kirchenwirt sitzt beim Abendessen mit einem großen Glas Wein vor sich. Sagt seine Frau: »Der Doktor hat Dir doch strikt verboten, beim Essen Wein zu trinken!« – »Hast recht, Alte, trag halt das Essen wieder ab.«

Abgewöhnen

Ein Mann geht in ein Gasthaus und bestellt *zwei* Gläser mit je einem Viertelliter Riesling. Nachdem die zwei Gläser gebracht wurden, trinkt er abwechselnd einmal einen Schluck aus dem einen und einen Schluck aus dem anderen Glas.

Schließlich kann der Kellner seine Neugierde nicht mehr zurückhalten und fragt den Gast: »Sagen Sie, warum trinken Sie ihren Wein nicht aus einem Glas? Er wird Ihnen doch mit der Zeit in den zwei Gläsern zu rasch warm.«

Worauf der Mann antwortet: »Ja wissen S', das hat so seine spezielle Bewandtnis. Ich habe einen lieben Freund, den ich sehr, sehr gerne mag. Und der ist kürzlich ins Ausland verzogen. Da er so schwer von Wien weggegangen ist, habe ich ihm versprechen müssen, daß ich – wann immer ich ein Glas Wein trinke, sei es beim Heurigen, im Gasthaus oder daheim – gleichzeitig auch auf sein Wohl ein Glas trinke. Deshalb bestelle ich mir immer gleichzeitig ein zweites Glas, das ich dann auf das Wohl meines Freundes trinke.«

Es vergehen einige Monate. Eines Abends kommt derselbe Mann wieder in das Gasthaus, setzt sich an einen Tisch und bestellt *ein* Glas Wein. Der Kellner, der sich noch an das Gespräch von früher erinnert, fragt den Gast, warum er denn diesmal nicht zwei Gläser Wein bestelle, eines für sich und eines für seinen abwesenden Freund. Worauf der Mann zur Antwort gibt: »Ja wissen Sie, *ich* habe mir inzwischen das Trinken abgewöhnt!«

Abstinenzler

Franz ist unter die Abstinenzler gegangen. Als ihn eines Tages ein alter Freund besuchen will, sagt er zu ihm: »Aber eines möchte ich von vornherein klarstellen. Bei mir kommt kein Tropfen Wein mehr auf den Tisch.«
Darauf sein Freund: »Kannst beruhigt sein, ich werde verdammt gut aufpassen beim Einschenken.«

Alkoholiker

Ein berühmter Internist untersucht gründlichst einen Patienten. »Ich glaube, Sie sind Alkoholiker. Wodurch sind Sie eigentlich zum Trinker geworden?«
Patient: »Mein Arzt hat mich dazu gebracht!«
Internist: »Sie binden mir wohl einen Bären auf. Ein Arzt kann Ihnen dazu nie geraten haben.«

Patient: »Aber ja, Herr Professor. Er hat mir monatelang Tabletten verschrieben und mir immer strengstens eingeschärft, daß ich sie niemals in nüchternem Zustand einnehmen soll.«

Alkoholtest

Ein Betrunkener fährt in Schlangenlinien durch die Stadt. Dies sieht von weitem ein Polizist und stoppt ihn. Er läßt sich zunächst die Papiere geben und fordert ihn dann auf: »Bitte blasen Sie in den Alkomat!« (Elektronisches Atem-Analysegerät.)
Der Betrunkene: »Darf ich nicht. Ich habe Asthma.«
Im Wachzimmer der Polizei will ihm der Amtsarzt eine Blutprobe abnehmen. Der Betrunkene: »Tut mir leid, das ist nicht möglich. Ich bin Bluter.«
Daraufhin wird er aufgefordert, auf einer weißen Linie entlangzulaufen. Der Betrunkene: »Kann ich nicht. Ich bin nämlich total besoffen.«

Alte Weine

Ein Besitzer eines Weingutes, der noch viele alte Weine in seinem Keller hatte, wurde einmal gefragt, welchen Jahrgang er aus seinem Keller denn besonders schätze.
Darauf sah er den Fragenden abschätzend an und gab zur Antwort: »Den 1969er, sofern auch Sie junge Weine bevorzugen.«

Alter

Eines Tages besuchte ein prominenter Politiker ein Altenasyl. Wie er so durch die Räume ging, fragte er einen 80jährigen:»Was hat Sie so jung und agil erhalten?«
Der Alte:»Dreimal täglich ein Becher Joghurt.«
Dann stellte der Gast die gleiche Fragen einem 85jährigen. Der antwortete:»Dreimal am Tag einen Teller mit Müsli.«
Schließlich fragte er den seiner Meinung nach ältesten Asylbewohner:»Und was hat Sie jung erhalten?« – Der ganz Alte:»Dreimal am Tag einen halben Liter Wein.« – Der Politiker:»Und wie alt sind Sie jetzt genau?« – Antwort:»51 Jahre.«

•

Der Sportredakteur einer bekannten Tageszeitung besucht eines Tages in einem Weinort einen Fußballverein. Bei einem Gespräch mit den Fußballern erfährt er, daß der Kapitän der Mannschaft bereits fünfzig Jahre alt sei.
Er spricht ihn an:»Das ist ja toll, was ich so über Sie höre. Mit fünfzig Jahren sind Sie Mittelstürmer und zugleich Kapitän Ihrer Mannschaft. Das ist unglaublich. Wie machen Sie das?« – »Ja, ich trinke eben jeden Tag ein oder zwei Fläschchen Wein. Das hält mich gesund und fit. Aber das ist doch nichts Besonderes. Mein Bruder ist schon siebzig Jahre alt und arbeitet jeden Tag im Weingarten.

Gemischter Satz

Der ist wirklich ein Sportler. Er ist Langstrecken-
läufer und macht jedes Jahr beim internationalen
Marathonlauf mit.«
»Das muß ich unbedingt in meiner Zeitung schrei-
ben«, meinte staunend der Reporter. »Wo finde ich
Ihren Bruder?« – »Das ist jetzt etwas schwierig.
Denn er ist im Augenblick bei der Hochzeit meines
Vaters. Und wie ich meinen Bruder kenne, hat er
sich um diese Zeit schon vollaufen lassen und wird
kaum ansprechbar sein.« – »Was höre ich, Ihr Vater
hat geheiratet? Wie alt ist er denn schon?« – »Im
September ist er 92 geworden!« – »Und da will er
noch heiraten?« – »Was heißt hier *wollen* – er muß-
te ja!«

•

Nach einer gründlichen Untersuchung sagt der
Arzt zu seinem Patienten: »Ich rate Ihnen wirklich
ehrlich. Verzichten Sie in Zukunft auf das Rauchen, auf die Liebe und auf den Wein. Dann können Sie ohne weiteres hundert Jahre werden.« –
»Hilft das wirklich? Dadurch kann ich hundert
Jahre alt werden?« fragt fassungslos der Patient.
»Schauen Sie«, meint der Arzt, »wenn Sie meinen
Ratschlag befolgen, dann garantiere ich Ihnen, daß
sie sich in Kürze zumindest wie ein Hundertjähri-
ger fühlen werden.«

Angeheitert

Bei einem Gerichtsprozeß. »Also Sie geben zu«, fragt der Richter den Angeklagten, »daß Sie zur Tatzeit betrunken waren?«

»Was heißt betrunken«, antwortete der Angeklagte, »ich war nur sinnlos angeheitert.«

Aperitif

Fragt ein am Wein Interessierter einen alten Weinhauer: »Sagen Sie, soll man einen Wein eigentlich vor oder nach dem Essen trinken?«

»Möglichst viel vorher«, lautet die Antwort, »am besten als Aperitif. Denn wenn Sie ordentlich gegessen haben, dann sind Sie einfach nicht mehr imstande, wirklich viel trinken zu können.«

Arbeit

Ein burgenländischer Weinhauer liegt im Sterben. In seiner Sterbestunde läßt er seinen Sohn zu sich kommen und teilt ihm seine Lebensphilosophie als letztes Vermächtnis mit: »Wenn einer ißt und du siehst es, sei freundlich, setze dich zu ihm und iß mit ihm. Wenn du jemanden einen Wein trinken siehst, sei nett, setze dich zu ihm und trinke mit ihm ein Gläschen. Wenn du jemanden arbeiten siehst, dann sei gescheit und laß ihn einfach weiterarbeiten.«

Auferstehung

Ein Pfarrer und sein Mesner waren bei einem Weinhauer eingeladen und haben den ganzen Abend fleißig dem Wein zugesprochen. Beim Nachhausegehen torkeln beide recht anständig und fallen schließlich in den Straßengraben.
Fragt der Mesner mit lallender Stimme: »Herr Pfarrer, glauben Sie eigentlich an die Auferstehung?«
Pfarrer: »In den nächsten paar Stunden sicher nicht.«

Aufhören

Der Arzt zu seinem Patienten nach der Untersuchung: »Sie müssen unbedingt enthaltsamer leben. Vor allem müssen Sie aufhören, Wein oder andere Alkoholika zu trinken. Und wenn Sie das fertigbringen, dann sagen Sie es mir. Ich versuche nämlich auch schon seit zehn Jahren, mit dem Trinken aufzuhören.«

Augenarzt

Ein Mann geht zum Augenarzt und läßt sich untersuchen. »Herr Doktor, ich glaube, meine Brillen passen mir nicht mehr richtig. Manchmal sehe ich alles ganz undeutlich. Könnten Sie mir nicht vielleicht stärkere Gläser verschreiben?«
Der Arzt: »Nein, Sie brauchen keine stärkeren, sondern nur weniger Gläser!«

Auslese

Der Besitzer einer Weinkellerei wird eines Tages gefragt, ob er mit seinem neuen Lehrling zufrieden sei.

»Oh, danke«, war die Antwort, »er ist zwar erst ein halbes Jahr bei mir, macht aber unsere Auslesen schon fast besser als ich.«

Auto

Ein Mann, der in Grinzing zuviel vom Wiener Heurigen getrunken hat, verläßt den Buschenschank und geht schwankenden Schrittes zu seinem Auto. Dort versucht er vergeblich, den Schlüssel in das Schloß zu stecken. In dem Augenblick, als es ihm endlich gelingt, die Tür zu öffnen, und er in das Wageninnere steigen will, legt sich eine schwere Hand auf seine Schulter. Hinter ihm steht ein Polizist und sagt: »Mein Herr, Sie können doch kaum mehr stehen!«

»Das weiß ich auch«, war lallend die Antwort, »deshalb will ich ja fahren!«

Betrunken

Klein-Hansi sitzt mit seinen Eltern beim Heurigen. Plötzlich fragt er seinen Vater: »Vati, wie ist das eigentlich, wenn man betrunken ist?«

Der Vater antwortet seinem Sprößling: »Schau zur Tür, Hansi. Soeben treten zwei Männer ein. Wenn du jetzt vier Männer sehen würdest, wärst du betrunken.«

»Aber Vati«, meint der Bub, »es kommt doch nur *ein* Mann herein.«

●

Beispiel für Betrunkenheit: »Woraus schließen Sie, daß der Herr vom Wein so betrunken war?«

»Weil er wie wild an einem Telefonmast schüttelte und sich dann bückte, um das Obst aufzuheben.«

Donaudampfschiffahrt

Ein schon etwas angeheiterter Mann sitzt in Sievering beim Heurigen und trinkt ein Glas Wein nach dem anderen. Nach jedem Glas, das ihm die Kellnerin bringt, sagt er laut vor sich her: »Donaudampfschiffahrts-Kapitänsanwärter«.

Schließlich kann die Kellnerin ihre Neugierde einfach nicht mehr zurückhalten und fragt ihn, warum er jedes Mal dieses lange Wortungetüm vor sich hersage.

Da klärt sie der Mann auf: »Wissen Sie, solange es mir gelingt, dieses lange Wort ohne Fehler auszusprechen, darf ich weitertrinken.«

Doppler

Fragt ein Weinbanause den anderen: »Sag, was ist eigentlich eine 2,7-Liter-Flasche mit Wein?« – »Das ist ein Doppler mit Bouteillenqualität!«

Dreimännerwein

Was ist ein *Dreimännerwein*? Ein ganz saurer Wein, bei dem zwei Männer den Weintrinker festhalten müssen, damit ihm der dritte den Wein in den Mund gießen kann.

Was ist ein *Strumpfwein*? Ein ganz rescher Wein, bei dem die Säure die Löcher im Strumpf zusammenzieht.

Was ist ein *Lacryma-Christi-Wein*? Ein Wein, bei dem man ernsthaft weinen muß.

Durst

Zwei befreundete Männer sitzen in einem Buschenschank. Fragt der eine: »Was kramst du denn immer in deinen Taschen herum?«

Der andere: »Ich sehe nach, ob wir noch Durst haben.«

Ehefrau

Der Ehemann kommt vom Heurigen nach Hause, setzt sich in eine Ecke und sagt zutiefst enttäuscht vor sich hin: »Das darf doch nicht wahr sein. Da besäufst du dich, um deine Alte zu vergessen. Dann kommst du nach Hause und siehst sie doppelt.«

Eigenbau

Ein Weinhauer lädt einen Kunden zu einer kleinen Weinverkostung ein. Der Gast kostet das erste Glas, das ihm vorgesetzt wird und verzieht den Mund. »Der ist aber sauer, der ist ja kaum zu trinken.«

»Ich weiß«, sagte der Winzer, »der Wein ist naturbelassen, so wie ihn eben der Herrgott hat wachsen lassen«.

Er reicht dem Gast das zweite Glas. Der nimmt einen Schluck und sagt entzückt: »Das ist ein Wein, einfach großartig!«

Da strahlt der Winzer über das ganze Gesicht und sagt: »Sehen Sie, das ist mein Eigenbau.«

Einladung

Ein Mann wurde bei den Maiers zum Abendessen eingeladen. Am nächsten Tag wird er gefragt, wie ihm der Abend gefallen hätte. Worauf er verdrießlich zur Antwort gibt:

»Wäre die Suppe so warm gewesen wie der Wein, wäre der Wein so alt gewesen wie das Huhn, wäre das Huhn so knusprig gewesen wie das Stubenmädchen und wäre das Stubenmädchen so bereitwillig wie die Gastgeberin gewesen: es wäre ein perfekter Abend geworden.«

Eiswein

Eine Dame kommt zu einem Weinhauer, um für ihren Mann zum Geburtstag einige Flaschen Wein zu kaufen. Nachdem der Weinhauer sie einige Weine aus seinem Standardprogramm hat kosten lassen, stellt er eine Flasche auf den Tisch und sagt: »Und das hier ist meine größte Kostbarkeit. Ein Eiswein aus dem Jahr 1979. Wollen Sie den vielleicht einmal verkosten?«
»Oh ja«, haucht die Dame, ganz voller Ehrfurcht vor dieser Rarität, »aber bitte nur einen Würfel!«

Empfehlung

Meint der Arzt zum Patienten: »Also, lieber Mann, Sie müssen unbedingt mit dem Trinken aufhören. Sie müssen auch mit dem Rauchen aufhören. Und Sie müssen jeden Abend schon um neun Uhr ins Bett gehen!«
»Danke, Herr Doktor. Das reicht mir. Ich erkenne an Ihren Worten, daß meine Frau bereits mit Ihnen gesprochen hat.«

Essig

»Nun, wie schmeckt Ihnen mein Wein?« fragt der Wirt seinen neuen Gast.

»Oh«, meint der Gast nach einem kleinen Probeschluck, »geben Sie noch ein bißchen Öl dazu, und schütten Sie ihn über einen Salat. Dann würde er sicherlich recht gut schmecken!«

Forelle

Zwei Frauen unterhalten sich über ihre Ehemänner: »Mein Mann ißt die Forellen am liebsten blau.« »Oh«, meint die andere, »meiner ißt Forellen auch, wenn er nüchtern ist.«

Geburtstag

Ein Mann feiert seinen hundertsten Geburtstag. Und da er früher sehr prominent war, kommen neben allen seinen Freunden auch Politiker, Presse, Radio und Fernsehen. Man interviewt ihn und fragt, worauf er es denn zurückführe, daß er in körperlicher und geistiger Frische so alt geworden sei. Darauf antwortet der Jubilar: »Ich habe in meinem ganzen Leben kein Bier, keinen Wein und keinen Schnaps getrunken, also nichts Alkoholisches.« Plötzlich hört man im Nebenzimmer Lärm. »Was ist denn da los?« wird er gefragt. »Ach, hören Sie nicht hin. Das ist mein Vater, der heute wieder einmal völlig blau ist.«

Gesang

Der Arzt nach einer gründlichen Untersuchung zum Patienten: »Bei Ihrem Gesundheitszustand müssen Sie in Hinkunft auf Weib, Wein und Gesang verzichten, wenn Sie noch eine Zeitlang leben wollen.«

»Oh, wie schrecklich, Herr Doktor. Sagen Sie, könnte ich nicht vielleicht nur zum Teil verzichten? Ich wäre bereit, sofort mit dem Gesang aufzuhören.«

Gesicht

»Liebling«, sagt die Ehefrau zu ihrem Gatten, nachdem sie von einem Doppelliter Wein den weitaus größeren Teil getrunken hatte. »Daß du mir heute ja keinen Wein mehr trinkst! Dein – dein Gesicht kommt mir schon ganz verschwommen vor.«

Gesundheit

Zwei Freunde untereinander: »Ich habe dich eingeladen, ein Glas Wein auf meine Gesundheit zu trinken. Und jetzt trinkst du bereits das fünfte Glas.«

Der andere: »Jetzt begreifst du endlich, wie es wirklich um deine Gesundheit steht!«

Goethe

Eines Tages wurde Wolfgang von Goethe gefragt, was er für die drei schönsten Dinge des Lebens halte. Ohne einen Moment nur zu zögern, sagte er: »Die Dichtkunst, den Wein und die Frauen.«

Man muß wissen, daß der Dichterfürst bereits seit seiner Jugend dem Wein sehr zugetan war. Schon als 17jähriger war er häufig in Weinstuben zu finden, und nicht zu Unrecht schrieb er über sich selbst: »Andere schlafen ihren Rausch aus, meiner steht auf dem Papier.«

Man sagt von ihm, daß er im späteren Alter täglich mindestens zwei Liter Rotwein trank. Als er als 74jähriger einmal zur Kur nach Marienbad fuhr, ließ er sich 150 Liter von seinem Lieblingswein aus den Weinhängen am Main nachschicken. Übrigens, Goethe wurde trotz seines großen Weinkonsums – oder vielleicht gerade deswegen? – 82 Jahre alt. Und man weiß bis heute nicht, was wirklich seine letzten Worte auf dem Sterbebett waren. Die einen sagen, er hätte in seiner letzten Stunde nach »mehr Licht« gerufen, die anderen behaupten, daß er gefragt hätte: »Du hast mir doch keinen Zucker in den Wein getan?«

Wie wichtig der Jahrgang ist, geht aus folgender Geschichte hervor:

Nachdem Goethe auf die Frage, welche für ihn die drei schönsten Dinge des Lebens seien, geantwortet hatte: »Dichtkunst, Wein und Frauen«, wurde er weiters gefragt: »Und wenn Sie auf eine dieser drei

Der Wein-Liebhaber

Passionen verzichten müssen, welcher würden Sie am leichtesten entsagen?«

Goethes Antwort: »Der Dichtkunst natürlich.«

Endlich wurde er ein drittes Mal gefragt: »Und wenn Sie von den verbliebenen zwei Ihrer Meinung nach schönsten Dinge des Lebens noch auf eines verzichten müßten, wie würden Sie sich entscheiden?«

Worauf Herr von Goethe lange Zeit nachdachte und schließlich sagte: »Das ist eine schwere Frage. Denn – es kommt immer auf den Jahrgang an.«

Grinzinger Allee

Ein Mann ist den ganzen Abend hindurch in Wien-Grinzing von einem Heurigen zum anderen gezogen und hat überall fleißig den heurigen Wein verkostet. Schließlich steigt er schon ziemlich betrunken in sein Auto und will durch die Grinzinger Allee in das Stadtinnere nach Hause fahren. Infolge seiner Trunkenheit fährt er aber die schnurgerade Allee in einer Art Schlangenlinie.

Das sieht von weitem ein Polizist und stoppt ihn. Bevor dieser aber noch irgend etwas sagen kann, hat der Betrunkene sein Autofenster heruntergekurbelt und schreit den Polizisten an: »Wo bin ich?« Und der, ganz verdutzt, antwortet: »In der Grinzinger Allee.«

Darauf der Betrunkene: »Keine Details bitte, in welcher Stadt, möchte ich wissen?«

Grundsätze

Punkt elf Uhr abends trinkt Herr Meier den letzten
Schluck Wein, den er im Glas hatte, und erhebt
sich von seinem Stammtisch: »Meine Herren, Sie
kennen mich, ich habe meine Grundsätze. Ich muß
jetzt heimgehen.«
Kaum hat er ausgesprochen, läutet das Telefon in
der Gaststube. Der Wirt nimmt ab und ruft dann
zur Stammtischrunde: »Herr Meier, Ihr Grundsatz
ist am Telefon.«

Hausarbeit

Gespräch zwischen zwei Frauen: »Hat Ihr Mann
schon eine Stelle gefunden?«
»Ja, Gott sein Dank! Er arbeitet jetzt in einer
Weinkellerei.«
»Und wie gefällt ihm seine neue Tätigkeit?«
»Oh, er ist von seinem Beruf ganz begeistert. Fast
jeden Abend bringt er sich eine Arbeit mit nach
Hause.«

Hektar

Zwei Weinfreunde, die sich seit längerer Zeit nicht
mehr gesehen haben, unterhalten sich: »Weißt du
übrigens, daß ich im vergangenen Jahr eine Wein-
studienreise nach Kalifornien gemacht habe? Ich
konnte dort ganz neue Erkenntnisse in Erfahrung
bringen. In Österreich ist die durchschnittliche

Größe eines Weinbaubetriebes 1,3 Hektar Rebfläche, während sie in Kalifornien über 10 Hektar
beträgt. Stell dir vor, ich habe dort ein Weingut besucht, das so groß war, daß ich mit dem Traktor
zwei ganze Tage gebraucht habe, bis ich die ge-
samte Rebfläche des Gutes abfahren konnte.«
»Ja, ja«, sagt der andere, »so einen Traktor habe ich
auch einmal gehabt.«

Heuriger

Ein Wiener und ein Berliner sitzen beim Heurigen
beisammen. Nachdem der Berliner den Heurigen-
Wein probiert und dabei kräftig gegurgelt hat,
fragt er den Wiener: »Wieviel Viertel trinken Sie so
am Tag?«
Der Wiener: »Na ja, so fünf oder sechs Vierterl werden es schon sein. Wie es mir halt schmeckt.«
Der Berliner: »Ich trinke immer nur zwei Gläschen, aber nur dann, wenn ich durstig bin.«
Darauf der Wiener: »Wie die Viecher!«

Hochzeitstag

Ein Mann kommt in eine Vinothek. »Ich brauche
eine Flasche Wein für meinen zehnten Hochzeits-
tag. Welchen würden Sie mir empfehlen?«
»Das kommt ganz auf Ihre Absichten an. Wollen
Sie den Tag vergessen oder ihn zusammen mit Ihrer Frau feiern?«

In vino veritas

Warum ist es nicht mehr üblich, in Gesellschaft mit dem Weinglas anzustoßen?
Die Antwort hat uns Friedrich Hegel gegeben: In vino veritas! Im Wein liegt Wahrheit. Und mit der Wahrheit stößt man heute überall an.

Kaffee

Nach dem Abendessen, bei dem reichlich viel Wein getrunken worden ist, fragt der Gastgeber seinen Gast: »Darf ich Ihnen jetzt einen Kaffee servieren lassen?«
»Um Gottes willen nein, das würde mich wieder um Stunden zurückwerfen.«

Kater

Drei Katzen unterhalten sich. Fragt die eine: »Wo möchtet ihr eigentlich am liebsten leben?«
Antwortet die erste: »In einer Bäckerei. Da gibt es jeden Tag frisches Brot, Semmeln und Kuchen.«
Die zweite: »Lieber in einer Fleischhauerei. Da gibt es immer frische Leber, Wurst und Schnitzel.«
Sagt die dritte: »Ich möchte am liebsten in einer Gastwirtschaft leben, die viel Wein hat. Da gibt es in der Früh einen Kater, mittags einen Kater und abends einen Kater.«

Kindermund

Eine Familie, bestehend aus Mann, Frau und einem zehnjährigen Buben, macht einen Ausflug. Zum Schluß kehren sie in einen Buschenschank ein. Der Vater bestellt: »Zwei Viertel Heurigen!« Darauf der Bub: »Sag, Vati, kriegt denn die Mutti heute nichts zu trinken?«

Korkenzieher

Bub zum Nachbarn: »Mein Vater schickt mich zu Ihnen. Ich soll Sie fragen, ob Sie einen Korkenzieher haben? Seiner ist gerade abgebrochen.« »Aber selbstverständlich habe ich einen. Sag deinem Vater, ich komme sofort zu ihm hinüber.«

Liliputaner

Ein Liliputaner geht zum Heurigen und bestellt ein Viertel Wein. Er trinkt einen Schluck und verzieht sofort seinen Mund: »Pfui, ist der Wein aber sauer. Da zieht es einem ja alles zusammen.« Worauf der Heurigenwirt empört aufspringt und ruft: »Moment mal, mein Herr, Sie sind ja schon so klein hereingekommen!«

Lourdes

Ein Weinfreund macht eine Pilgerreise nach Lourdes. Als er zurückfährt, wird er an der Grenze gefragt, ob er etwas zu verzollen hätte. »Nein!« antwortet er.

Worauf der Mann aufgefordert wird, seine beiden Koffer zu öffnen. Prompt zieht der Zöllner einige Flaschen heraus. »Was ist in den Flaschen?« »Geweihtes Wasser aus Lourdes.«
Der Zöllner macht eine Flasche auf, riecht zuerst daran und probiert schließlich einen Schluck. »Das ist doch Wein und kein Wasser!« Worauf der Pilger auf die Knie sinkt, die Arme gegen den Himmel reckt und ruft: »Oh Herr, welch ein Wunder!«

Make-up

Ein Polizist stoppt eine Autofahrerin, die mit 90 Stundenkilometer durch die äußerst kurvenreiche Stadt fährt: »Sind Sie verrückt, daß Sie mit 90 durch die Stadt fahren?« – Die Autofahrerin nimmt ihren Hut ab: »Aber gehn S', Herr Inspektor, das ist doch nur mein Hut, der mich so alt macht.«

Milch

»So, Sie trinken jeden Tag einen Doppelliter Wein?« wundert sich der Arzt. »Damit müssen Sie jetzt aufhören. Sie dürfen keinen Tropfen Alkohol mehr anrühren. Für Sie gibt es ab sofort nur noch Milch.« Einige Zeit später begegnete er seinem Patienten auf der Straße wieder. »Na, haben Sie meine Anordnung auch strikt befolgt?«
»Habe ich, Herr Doktor. Und jetzt verstehe ich, warum die Babys immer so entsetzlich schreien.«

Milchjahr

»Was hat Sie eigentlich zum Säufer gemacht?«
»Nun, ich hatte ein recht unangenehmes Erlebnis
in meinem Leben. Ich bin nämlich ein ganzes Jahr
gezwungen worden, nur Milch zu trinken.«
»Ja, und wann war dieses Milchjahr bei Ihnen?«
»Gleich nach meiner Geburt.«

Nieren spülen

Der Weinbauer Huber hat sich vom vielen Weinverkosten in seinem langen Winzerleben ein
schweres Leberleiden zugezogen. Als er im Spital
liegt und es offenbar mit ihm zu Ende geht, besucht ihn sein bester Freund, der Lammbauer. Voller Mitgefühl steht er am Krankenbett.
Der Huber schaut mit schmerzverzerrter Miene zu
ihm auf und sagt mit leiser Stimme: »Gelt, Lammbauer, wenn ich sterben muß, dann bitte ich dich
um einen letzten Freundschaftsdienst. Komm bitte
ab und zu an mein Grab und schütte ein Achterl
Wein darauf.«
Der Lammbauer nickt mit dem Kopf: »Natürlich
werde ich dir deinen letzten Wunsch erfüllen.
Weiß ich doch, daß du dein Leben lang gerne Wein
getrunken hast. Aber du erlaubst schon, daß ich
mir vorher damit die Nieren spüle?«

Nüchtern

Kommt ein Mann in äußerst angeheitertem Zustand zum Arzt und wünscht, untersucht zu werden. Sagt der Arzt: »Lieber Freund, in betrunkenem Zustand kann und will ich Sie nicht untersuchen.« Worauf der Betrunkene meint: »Macht nichts, Herr Doktor, hick! Da komme ich eben morgen wieder vorbei, hick! – wenn Sie wieder nüchtern sind, hick!«

Papst

Ein Bischof besucht die Pfarren seiner Diözese. Als bei einem solchen Besuch der Pfarrer zum Mittagessen einen gewöhnlichen weißen Konsumwein kredenzt, fragt der Bischof: »Haben Sie keinen besseren Wein als diesen Tafelwein?«
»Aber freilich, Eminenz, im Keller habe ich noch ein paar Flaschen Riesling Spätlese vom Jahrgang 1969.«
Da lächelt der Bischof gütig und meint: »Wollen Sie denn warten, bis der Papst zu Ihnen kommt?«

Pathologieprüfung

Ein Medizinstudent kommt zur Pathologieprüfung. Dort liegt ein nackter Leichnam auf dem Seziertisch. Der Professor fragt: »Woran ist dieser Mann gestorben?« – Der Student untersucht etwa fünf Minuten lang intensivst den Leichnam, dann räuspert er sich und meint: »Herr Professor, ich glaube, der Mann ist an einem Herzversagen gestorben.« – »Falsch«, sagt der Professor, »kommen Sie in vier Wochen zur Wiederholungsprüfung.«

Der nächste Prüfling kommt und erhält die gleiche Frage. Auch er untersucht den Toten, lange und gründlich. Schließlich sagt er stotternd: »Herr Professor, ich glaube, der Mann hatte Krebs«. – »Falsch, kommen Sie in vier Wochen wieder.«

Der dritte Prüfling kommt. Auch ihm wird die gleiche Frage gestellt. – Der Student tritt an den Leichnam heran, sieht einen Moment auf ihn nieder und sagt: »Der Mann hat in seinem Leben zuviel Wein getrunken, ist Alkoholiker gewesen und an Leberzirrhose gestorben.«

Der Professor kommt aus dem Staunen nicht heraus: »Ja, die Antwort ist richtig. Sie haben selbstverständlich die Prüfung bestanden. Aber verraten Sie mir doch, woran haben Sie das so schnell erkannt?« – Darauf der Student: »Aber, Herr Professor, ich werde doch noch meinen eigenen Vater erkennen.«

Polizeikontrolle

Ein Autofahrer, der eben von einem Buschenschank kam, wurde von einer Verkehrskontrolle angehalten und aufgefordert, in den Alkomat zu blasen. Worauf der Polizist sagte: »Mann, Sie haben ja einen Alkoholgehalt von 1,5 Promille. Das ist fast das Doppelte von dem, was erlaubt ist.«

»Das gibt es nicht«, sagte der betrunkene Autofahrer. »Ich habe bloß *eine* Flasche Wein getrunken. Und auf der ist unten auf dem Flaschenboden ganz deutlich 0,7 zu lesen gewesen, also eindeutig weniger als die 0,8 Promille, mit denen man sich strafbar macht.«

Portwein

In der Schule fragt der Lehrer die Schüler: »Wer weiß von euch, wo Port liegt?«
Zeigt der kleine Franzl auf und sagt stolz: »Bei uns daheim im Weinkeller!«

Predigt

Ein junger Kaplan wird in einen Weinort versetzt, um dort den alten, schon etwas gebrechlichen Pfarrer bei der Erfüllung seiner seelsorgerischen Aufgaben zu helfen. Eines Sonntags darf der junge Kaplan erstmals die Messe lesen und die Predigt halten. Um sein Lampenfieber und seine Hemmungen leichter zu überwinden, trinkt sich der junge Priester vor der Messe mit ein paar Gläschen Mut an.
Nachdem alles vorbei ist, geht der Kaplan zum alten Pfarrer und fragt: »Hochwürden, waren Sie mit meiner Predigt zufrieden?«
Der alte Pfarrer: »Doch, doch, sie war ganz gut. Sie haben aber drei Fehler gemacht. Erstens war die

von Ihnen zitierte Hochzeit nicht in Kanada, sondern in Kanaan. Zweitens ist die Frau vom Lot beim Auszug aus Sodom nicht zu einer Salzbrezel erstarrt, sondern zu einer Salzsäule. Und drittens heißt es am Ende jeder Predigt immer noch Amen und nicht Prost.«

Puls fühlen

Ein Arzt sitzt in Grinzing beim Heurigen zusammen mit seinen Freunden bei einem Glas Wein. Plötzlich wird er telefonisch zu einem dringenden Krankenfall abberufen. Als er in das Zimmer des Kranken kommt, mißt er als erstes den Puls des Patienten.
»Sie brauchen nicht besorgt zu sein, gnädige Frau«, sagt er zu der neben dem Krankenbett sitzenden Gattin. »Ihr Mann dürfte offenbar nur etwas zuviel getrunken haben.«
»Aber Herr Doktor«, wunderte sich die Frau, »Sie haben doch Ihren eigenen Puls gemessen.«

Rache

Ein Weinhauer hatte ständig Ärger mit seinem Kellereiinspektor. Als er wieder einmal dessen Besuch hatte und dieser irgendwelche Nachlässigkeiten in den Aufzeichnungen mit einer Geldbuße bestrafte, akzeptierte dies der Hauer ausnahmsweise

Weinbruderschaft

ohne Widerrede. Freundlich lud er den Kellereiinspektor ein, in seinem Buschenschank doch
noch eine Kleinigkeit zu essen und ein Gläschen
Wein mit ihm zu trinken, damit sie sich in aller
Freundschaft trennen könnten. Dies geschah denn
auch. Aus dem einen Gläschen wurden mehrere.

Als der Kellereiinspektor schließlich aufstand und
in sein Auto stieg, eilte der Weinhauer sofort zum
Telefon und rief die örtliche Gendarmerie an: »Ein
guter Freund ist soeben mit seinem Auto von mir
weggefahren, und zwar nach Klosterneuburg. Mir
kommen jetzt Bedenken, ob er das auch tun hätte
dürfen, denn er hat ein oder zwei Gläser zuviel getrunken. Könnt Ihr ihn nicht aufhalten, damit nicht
ein Unglück passiert?«

Passiert ist nichts. Nur wurde der Kellereiinspektor
von einer Funkstreife angehalten. Bei der Kontrol-
le wurden dann 1,2 Promille Alkohol gemessen.

Regenwasser

In einem Weingut war es üblich, während der
Weinlese die Eimer und Butten auch über Nacht
im Weingarten stehen zu lassen. Als es eines
Nachts heftig geregnet hatte und alle Kübel voll
Wasser waren, fragten die Traubenpflückerinnen
am Morgen den Besitzer, ob sie das Regenwasser
ausleeren sollten. Worauf der Weinhauer antwortete: »Um Himmels willen nein, laßt es nur drin-
nen. Was Gott, der Herr, tut, das ist wohlgetan.«

Religion des Weines

Zu welcher Religion paßt am besten der Wein?

- Der Wein ist *jüdisch,* denn sein Rebstock wird jedes Frühjahr beschnitten.
- Der Wein ist *calvinistisch,* denn er wirkt sehr aufklärend.
- Der Wein ist *evangelisch,* denn »Sein ist alle Kraft und Herrlichkeit!«
- Der Wein ist *katholisch,* denn er macht so schön redselig.

Rotwein

Ein Mann, der schon seit längerem an Magen- und Bauchbeschwerden litt, ging eines Tages zu einem bekannten Internisten. Der untersuchte ihn gründlich und trug ihm schließlich auf, er möge täglich einen Teller voll Haferschleimsuppe essen und dazu ein Achterl Rotwein trinken.

Nach einigen Wochen traf der Arzt zufällig seinen Patienten und fragte ihn, wie es ihm denn ginge und ob er seinen ärztlichen Anweisungen auch nachkomme.

»Aber klar, Herr Doktor. Ich habe mich strikt an Ihre Anordnungen gehalten. Nur bin ich leider mit der Haferschleimsuppe drei Wochen im Rückstand und mit dem Rotwein bereits acht Wochen im voraus.«

Snobismus

Ein junges Pärchen speist im Restaurant. Der Mann bestellt zum Essen, um seiner Begleiterin zu imponieren, einen Rheinriesling Jahrgang 1937 zum stolzen Preis von S 15.000,– pro Flasche. Der Restaurantbesitzer hört von dieser Bestellung durch seinen Sommelier und eilt an den Tisch des Pärchens. Er äußert seine Bedenken, zum Essen einen solch alten, kostbaren Wein zu trinken und schlägt vor, doch einen Rheinriesling Jahrgang 1969 zu wählen, der auch ein ganz ausgezeichneter Jahrgang sei und nur S 5.000,– kosten würde.

»Gut«, sagt der junge Snob, »bringen Sie mir von beiden Jahrgängen je eine Flasche, so daß wir sie miteinander vergleichen können.«

Sommelier

Ein Gast bestellt in einem sündteuren Restaurant zum Essen eine Flasche Wein. Der Sommelier macht die Flasche auf, riecht am Korken und nimmt selbst eine kleine Weinprobe zum Verkosten. Dann gießt er dem Gast ein.

Dieser riecht zunächst am Wein und probiert vorsichtig einen Schluck. Empört blickt er zum Sommelier auf und sagt: »Dieser Wein hat doch einen Korkgeschmack!«

Worauf der Sommelier meint: »Sehen Sie, das habe ich mir auch gedacht.«

Sonne oder Mond

Zwei Betrunkene treffen sich auf der Straße. Fragt der eine: »Verzeihen Sie, hick! Ist das da oben am Himmel die Sonne oder der Mond?«

Der andere starrt eine Weile in den nächtlichen Himmel hinauf: »Hick! Tut mir leid. Ich kann Ihnen auch keine Auskunft geben. Ich bin nämlich fremd hier.«

Nach ein paar Schritten dreht er sich um und schreit zurück: »Entschuldigung! Welchen haben Sie eigentlich gemeint? Den rechten oder den linken?«

Stewardeß

Prüfung an einer internationalen Stewardessen-schule. Der Lehrer sagt: »Stellen Sie sich folgendes Problem vor, meine Damen. Ihr Flugzeug stürzt ab. Mitten in der Wüste. Sie sind die einzige Überlebende. Vor Ihnen stehen plötzlich zehn Beduinen, die allesamt hungrig nach einer Frau sind. Was würden Sie tun?«

Die Deutsche antwortet: »Ich nehme mir das Leben.«

Die Österreicherin sagt: »Ich trinke eine Flasche Wein aus – das gibt mir Mut.«

Die Französin schaut eine ganze Weile erstaunt auf den Lehrer und auf ihre Kolleginnen und meint: »Ich verstehe zwar die Geschichte – aber wo liegt das Problem?«

Trinkgewohnheit

»Sag, Peter, warum machst du bei jedem Glas Wein, das du trinkst, neuerdings immer die Augen zu und lehnst dich so auffallend weit zurück?«
»Ja, weißt du, mein Arzt hat mir strengstens aufgetragen, ich soll nicht immer so tief in das Glas schauen und beim Trinken zurückhaltender sein.«

Trinktemperatur

In einer Gesellschaft: »Herr Wirt, der Wein, den mir Ihr junger Kellner gebracht hat, ist lauwarm!« Der Wirt: »Verflixt! Wie oft habe ich dem Bengel schon gesagt, daß er kein heißes Wasser dazu nehmen soll!«

Trockenbeerenauslese

 Dem wegen seines Geizes in der gesamten Gemeinde bekannte Hanselbauer passiert ein Mißgeschick. Er hat ein Stifterl (0,35-l-Flasche) Trockenbeerenauslese geschenkt bekommen, das er in der Hosentasche nach Hause trägt. Auf der Straße wird er von einem Autofahrer angefahren. Einen Augenblick liegt er bewußtlos da. Als er wieder zu sich kommt, spürt er, daß sein linker Oberschenkel feucht ist. »Lieber Gott«, betet er, »laß es doch Blut sein«.

•

Eine kleine Maus verirrt sich eines Tages in einen
Weinkeller. Plötzlich steigt ein Mann in den Keller
hinunter. Die Maus sieht, wie er aus einem Faß,
das die Aufschrift »Trockenbeerenauslese« trägt,
mit dem Weinheber Wein aufsaugt und ihn in eine
Karaffe gießt. Dabei verschüttet er drei Tropfen.
Als der Mann wieder gegangen ist, stürzt die Maus
aus ihrem Versteck hervor und auf die verschüt-
teten Tropfen Wein zu. Sie schlürft dreimal laut
und genießerisch – und weg sind die Weintropfen.
Worauf sich die Maus zu ihrer ganzen Größe auf-
richtet und schreit: »Wo ist schwarzer Katerich, damit ich ihn vergewaltige.«

Trost

In einem kleinen Weinort war dem Huberbauer
seine Frau gestorben. Nach dem Begräbnis zieht
sich der Bauer in sein Haus zurück. Der Pfarrer
denkt, daß es eigentlich zu seinem Aufgabenbe-
reich gehört, den armen Mann zu trösten. Und sogleich macht er sich auf den Weg.
Als er in das Zimmer des eben zum Witwer gewor-
denen Mannes kommt, sieht er, wie der Bauer allein beim Tisch hockt und zwei leere Weinflaschen
vor sich stehen hat. Empört schreit der Pfarrer den
Mann an: »Ist das der einzige Zuspruch, Huberbauer, den du im Augenblick hast?«

Da zwinkert der Mann dem Pfarrer zu: »Nein, nein, Herr Pfarrer, im Keller habe ich noch fünfzig Flaschen davon.«

Wasser

Ein Gastgeber, der als großer Zecher bekannt ist, erklärt seine Lebensphilosophie:
»Wenn ich Durst habe, dann trinke ich ein Bier. Wenn ich fröhlich sein will, dann trinke ich Wein. Und wenn mir schlecht ist, dann trinke ich einen Schnaps.«
Fragt einer aus dem Zuhörerkreis: »Und Wasser trinken Sie niemals?«
Worauf die Antwort kommt: »So schlecht war mir bisher noch nie.«

Wasserrauschen

Auf dem nächtlichen Heimweg kommt ein Betrunkener am Springbrunnen der Stadt vorbei. Durch das Rauschen des Wassers angeregt, verspürt er plötzlich einen menschlichen Drang. Er bleibt beim Brunnen stehen und beginnt, seine kleine Notdurft zu verrichten. Es vergeht eine Minute nach der anderen, der Betrunkene rührt sich nicht, schwankt nur leicht hin und her, bleibt aber weiter in entblößter Stellung stehen. Bis endlich jemand auf ihn zutritt und ihm leise sagt: »Sie können ihn schon wieder einpacken, das ist nur das Wasserrauschen vom Brunnen.«

Weinansprache

Jedes Fachgebiet hat heute seine eigene Sprache, seine speziellen Fachausdrücke. Die Sprache des Weinliebhabers ist oftmals skurril und eigenartig.

Als einige Wiener in einem Keller ein paar Weine verkosten, werden sie vom Weinhauer belehrt, daß dieser Wein »breit« schmecke, jener Wein »kurz« im Abgang sei, der dritte ein »Zuckerhütl« und der vierte einen langen »Schweif« hätte.

Und als der Winzer schließlich seine Gäste fragt, bei welchem Wein sie gerne bleiben wollen, antwortet eine Dame aus der Runde unschuldig: »Nehmen wir doch den mit Hut und Schweif!«

Weineinkauf

Ein Mann, der in das Burgenland fährt, um Wein einzukaufen, kommt in Illmitz zu einem kleinen Weinhauer. »Welche Weine können Sie mir denn anbieten?« fragt er.

Darauf der Weinhauer: »Sie können von mir einen A-, B- oder C-Wein haben.«

»Was heißt A-, B- oder C-Wein?« wundert sich der Weininteressent.

»Nun, der A-Wein ist ein ganz *a*llgemeiner Wein. Der B-Wein ist ein *p*rima Wein, und der C-Wein ist ein *z*'ammg'mischter.«

Weingarten

Papst Paul Johannes II. besuchte bei seiner letzten Österreich-Reise auch einen Weinort im Burgenland. Man überredete ihn, in einen Weingarten zu gehen, damit er einmal selbst sehe, wie die Trauben heranreifen, aus denen dann der köstliche Wein gewonnen wird.

»Heiliger Vater«, bat der Weinhauer, »segne meinen Weingarten, damit ich eine gute Weinernte bekomme.«

Der Papst segnete die Rebstöcke und bemerkte dann: »Aber spritzen mußt du sie auch noch.«

Wein hält jung

Bei einer Abendgesellschaft kommt man auch auf die Vor- und Nachteile des Weines zu sprechen. Sagt ein alter, weißhaariger Herr: »Also, ich bin zutiefst überzeugt: nur dem Wein, den ich täglich trinke, verdanke ich, daß ich 85 Jahre alt geworden bin. Sehen Sie, mein Bruder hat sein ganzes Leben lang nur Milch getrunken und ist schon nach einem Jahr gestorben.«

Weinhandlung

Der Lehrer erzählt in der Religionsstunde von den in der Bibel erwähnten Wundern.

Dabei erwähnt er auch die Hochzeit zu Kanaan und die dabei erfolgte Umwandlung von Wasser und Wein.

»Gottfried, sag mir jetzt, wie man eine solche Handlung nennt, bei der Wasser in Wein umgewandelt wird?«

Ohne einen Augenblick zu zögern, sagt der Bub: »Weinhandlung, Herr Lehrer.«

Weinhauer im Sterben

Ein alter Weinhauer liegt im Sterben. In seiner letzten Stunde hat sich seine ganze Familie um sein Bett versammelt.

Plötzlich schlägt er die Augen auf und flüstert mit letzter Kraft sein Vermächtnis: »Hört zu, Kinder, man kann auch aus Trauben Wein machen!«

Sagt der jüngste Sohn zu seinen beiden Brüdern: »Jetzt geht's mit dem Vater wirklich zu Ende. Er phantasiert schon.«

Weinkonsum

Ein bekannter, dem Wein und anderen Alkoholika nicht abgeneigter Politiker sitzt auf dem Balkon seines Hauses. Er hat eine Flasche Wein und ein Glas vor sich stehen und liest die Tageszeitung. Plötzlich sieht er von seiner Zeitung auf und sagt kopfschüttelnd zu seiner Frau: »Stell' dir vor, was die Computerleute heutzutage alles mit ihrer Statistik herausfinden. Bei jedem Atemzug, den ich mache, sterben in ganz Europa fünf Menschen.«

»Das wundert mich gar nicht«, meint seine Frau, »bei deinem Weinkonsum!«

Weinprobe

Eine Frau wird zu einer Weinprobe eingeladen. Einige Weine werden verkostet. Plötzlich verschwindet die Frau. Man sucht sie und findet sie in einem Nebenraum auf einer Couch liegend.

»Ist Ihnen schlecht geworden, fehlt Ihnen etwas?« wird sie gefragt. »Aber nein«, antwortet die Frau, »ich habe mich nur hingelegt, weil ich gehört habe, daß jeder Wein liegend gelagert werden soll.«

Weinsnob

Was ist eigentlich ein Weinsnob?

- Ein Weinsnob ist jemand, der in einem Restaurant zu einem Fisch unbedingt einen Beaujolais haben will. Allerdings nur den äußerst raren weißen Beaujolais.

- Ein Weinsnob wünscht als Hauptgericht einen Fasan mit Rotkraut und bestellt dazu einen Sancerre. Fragt der Sommelier vorsichtig, ob er nicht lieber einen Rotwein zum Fasan trinken möchte, dann sagt der Weinsnob: »Es gibt zum Fasan nichts Besseres als einen dreijährigen Sancerre, einen roten natürlich.«

- Der Begriff Weinkultur ist in Österreich auch bis nach Kärnten vorgedrungen. Das ist offenbar geworden, als tatsächlich auf einer »Kärntner Weinkarte« folgende Weine offeriert wurden:

Der Connaisseur

Weinangebot unseres Hauses
– Weißwein
– Rotwein
– Ein Achterl
– Ein Viertel

Kennen Sie auch den Unterschied zwischen einem *Weinkenner* und einem *Weinsnob*?
Wenn man über eine bestimmte Weingegend spricht, dann kennt der Weinkenner sofort die besten Betriebe dort. Ein Weinsnob kennt darüber hinaus auch die Namen der Kellermeister in diesen Betrieben.

Weinstein

Ein Kunde beanstandet die soeben vom Weinhauer gelieferte Weinsendung, weil er in den Flaschen Weinstein sieht. Darauf entgegnet prompt der Weinhauer mit Überzeugung: »Lieber Weinstein als Zahnstein!«

Weinverkostung

Vater sagt bei der Weinverkostung: »Das ist halt ein Weinderl. Den soll mir die Natur einmal nachmachen.«
Sohn (nach einem langen Schluck, wobei er dem Abgang des Weines innerlich nachlauscht): »Für diesen Wein sollte man den Hals einer Giraffe be-

sitzen. Dann würde der Wein lange brauchen, bis er unten angekommen ist.«

Vater: »Und ich wünschte mir, daß in einem solchen Hals eine Wendeltreppe eingebaut wäre. Dann würde es noch länger dauern, bis der Wein unten angelangt ist.«

Sohn: »Am schönsten wäre es aber, wenn die Stufen von dieser Wendeltreppe ordentlich ausgetreten wären. Denn dann würde vom Wein auf jeder Stufe ein Lackerl übrigbleiben, und man hätte noch mehr davon.«

Weiß- oder Rotwein

In einem Restaurant wird ein Gast vom Kellner gefragt, welchen Wein er denn zum Essen trinken will. »Was wünschen Sie, Weiß- oder Rotwein?« »Das ist mir gleich. Ich bin nämlich farbenblind.«

Wunder

Der Lehrer fordert in der Schule die Kinder auf, einen Satz zu bilden, in dem das Wort »Wunder« vorkommt. Der kleine Fritz meldet sich: »In Lourdes geschieht immer wieder ein Wunder.«

»Gut«, sagt darauf der Lehrer, »wer weiß noch einen Satz?«

Der kleine Franz: »Jesus ging über den See Genezareth spazieren, es war ein Wunder.«

»Auch recht gut«, meint der Lehrer. »Wer meldet sich noch?«

Zeigt ganz aufgeregt der kleine Sepperl in der letzten Bank auf und sagt: »Gestern haben wir daheim eine Sau abgestochen.«

»Aber wo bleibt denn das Wort Wunder?« fragt der Lehrer.

Darauf Klein-Sepperl: »Ein Wunder war's, daß der Herr Pfarrer net zum Sautanz gekommen ist, um den heurigen Wein zu verkosten.«

Wünsche

Eine Fee erscheint einem Mann und sagt: »Du hast drei Wünsche frei. Was möchtest du haben?«

Sagt der Mann sofort: »Eine Flasche Château Lafite Rothschild.«

Flugs steht die Flasche Wein auf dem Tisch.

Der Mann entkorkt die Flasche und gießt ein Glas voll. Als er die Flasche wieder auf den Tisch zurückstellt, siehe da, sie füllt sich automatisch wieder bis an den Rand.

Die Fee sagt dann zu ihm: »Du hast zwei weitere Wünsche frei. Was möchtest du noch haben?«

Worauf der Mann prompt sagt: »Bitte noch zwei weitere von diesen Wunderflaschen, und zwar einen Chablis und einen Jahrgangschampagner.«

Würmer

Ein Pfarrer steht auf der Kanzel und hält eine flammende Rede gegen den Alkoholismus im allgemeinen und gegen den Wein im besonderen.

»Seht«, sagt er, »ich habe hier zwei Gläser vor mir stehen. In dem einen ist reines Brunnenwasser und in dem anderen Wein. Ich gebe jetzt in jedes Glas einen Regenwurm. Seht, was geschieht. Der Wurm im Wasserglas ringelt sich fröhlich hin und her. Und der im Glas mit Wein, der stirbt. So wird es jedem ergehen, der zuviel Wein trinkt.«

Am späten Vormittag denkt er sich: Ich gehe jetzt in die beiden Gasthäuser und schaue nach, ob meine Predigt bei der Gemeinde entsprechend gewirkt hat. Das erste Gasthaus ist gerammelt voll, und alle sind mehr oder weniger betrunken. Das gleiche Bild im zweiten Gasthaus. Alles ist betrunken.

Fragt der Pfarrer einen Mann, ob man sich seine Predigt in der Morgenmesse mit dem so anschaulichen Beispiel der beiden Regenwürmer nicht zu Herzen genommen hätte. »Oh doch, Herr Pfarrer, sehr sogar. Wir haben nämlich alle Bandwürmer und machen auf Ihren Rat hin eine Wurmkur.«

Zähne putzen

Ein Hobby-Weinkenner wird eines Tages gefragt, wem von der Gilde der wirklichen Weinexperten er nacheifere. Gibt er darauf zur Antwort: »Als mein Vorbild habe ich da einen bestimmten Weinfachmann vor Augen. Dieser Mann hat immer wieder behauptet, daß er die Weinsorte, den Jahrgang, mitunter sogar die örtliche Lage des Weingartens auch bei einer Blindverkostung genau feststellen kann. Und ich selbst war einmal Zeuge, als dieser Mann getestet wurde. Man hat ihm die Augen verbunden und ihm ein Glas Wein nach dem anderen zum Kosten gegeben. Und ich konnte es kaum glauben, der Mann hat jeden Wein genau und exakt erraten. Es war fast schon zum Verzweifeln. Bis man ihm schließlich ein Glas mit klarem, reinen Hochquellwasser reichte. Der Mann roch daran und schüttelte den Kopf. Er roch nochmals, kostete, schmeckte das Naß auf der Zunge und schüttelte wieder den Kopf. Und als er dann zum dritten Mal roch und kostete, sagte er: ›Ich gebe mich geschlagen, so etwas habe ich mein ganzes Leben noch nie im Mund gehabt.‹ – Worauf man ihn fragte, womit er sich denn jeden Morgen seine Zähne putze. Und da hat er geantwortet: ›Ach, dafür habe ich einen ganz leichten Grünen Veltliner aus dem Weinviertel.‹«

Schnellformulierungssystem

für Weinbeschreibungen

oder

Die Kunst, einen Wein

snobistisch zu beschreiben

Weinbeschreibungen können, sofern sie sachlich abgefaßt sind, ein gutes Bild über den verkosteten Wein abgeben. Sie können aber auch so nichtssagend sein, daß sie keinerlei Informationswert haben. So bekommt man beispielsweise zu lesen: »Ein zartduftender Riesling mit einem deutlichen Petrolton« (wie kann denn ein Wein zartduftend sein, wenn er nach Petroleum riecht?). Oder: »Der Wein hat eine verschlossene Frucht-Nase« (wie kann man eine Frucht erkennen, wenn die Nase verschlossen ist?). Oder: »Eine feinnervige Frucht« (was hat eine Frucht mit Nerven zu tun?). Oder: »Ein exotisches Bukett nach Maracuja-, Guave- und Mangofrucht« (haben Sie je in Ihrem Leben diese Düfte einzeln, geschweige denn alle zusammen gerochen?).

Noch häufiger findet man Weinbeschreibungen, die so schwülstig formuliert sind, daß man sich unwillkürlich an orientalische Märchen erinnert fühlt. Da werden Ausdrücke verwendet wie »prachtvolle Nase«, »apokalyptisches Geruchs- und Geschmacksbild«, »bleibende Impressionen im vitalen Nachgeschmack«, »Solitär-Wein, der becirct«, »gut eingebundener Holzeinsatz« oder »ein Wein mit dem unwiderstehlichen Charme eines leicht ergrauten Lebemannes« usw. Solche und ähnliche Verirrungen einer aufgeblasenen Formulierungssucht gibt es viele.

Sie sind bei Weinsnobs oder jenen Spezialtypen sogenannter Weinkritiker beliebt, die keinen Wert auf eine objektive Weinbeschreibung legen, sondern nur durch ihre übertriebene Bla-Bla-Sprache versuchen, zu imponieren oder ein nicht vorhandenes Image als Weinkenner aufzubauen.

Damit bei solchen Vorstellungen von Weinsnobs oder Berufsschwelgern eingeschüchterte oder frustrierte Weinfreunde mitreden können, hat der Verfasser dieser Ausführungen eine bombensichere Formulierungsmethode erfunden, das: *»snobistische Schnellformulierungssystem für Weinbeschreibungen«*. Es stützt sich auf eine Liste von vierzig sorgfältig ausgewählten Schlüsselformulierungen, die alle in Zeitschriften oder Büchern tatsächlich veröffentlicht worden sind. Der Verfasser hat sich nur das Recht angemaßt, einzelne Teile solcher Degustationsnotizen anders zusammenzusetzen.

Die *Handhabung des Systems* ist denkbar einfach: Nehmen Sie eine beliebige vierstellige Zahl, oder lassen Sie sich eine solche von Ihrem Nachbarn nennen. Dann suchen Sie die den einzelnen Ziffern entsprechenden Formulierungsstellen in den folgenden Rubriken *Farbe, Bukett, Geschmack* und *Zusammenfassung* heraus.

Die Zahl 5 8 6 4 ergibt zum Beispiel unter Benützung der später angeführten Formulierungen folgende Weinbeschreibung:

Die *Farbe* dieses Weines ist von absoluter Klarheit und glitzert wie ein Bergsee in der Sonne. Auffallend ist sein berauschendes *Bukett*. Ihm entströmen alle »Wohlgerüche Arabiens«, ein wahrhaft sinnliches Vergnügen. Am *Gaumen* entzückt er durch seine himmlische Extraktfülle, die durch einen feinen Säureschleier und einen kaum spürbaren Süßeschmelz perfekt abgestützt wird. – *Zusammenfassend* kann man sagen: Ein Bilderbuchexemplar eines Weines, der insbesondere durch die Subtilität seiner Aromen elegant und geschmeidig wie eine Gazelle wirkt und an die spielerische Leichtigkeit einer Mozart-Sinfonie erinnert.

Wenn Sie dieses System zur Anwendung bringen, werden Sie sehen, welchen gewaltigen, von »Fachwissen« geprägten Eindruck Sie bei einer Weindegustation hinterlassen werden – zwar nicht bei den wirklichen Weinkennern, wohl aber bei den Angebern und anwesenden Weinsnobs. Niemand wird es wagen, Ihrer völlig nichtssagenden und bedeutungslosen Weinbeschreibung zu widersprechen. Im Gegenteil! Man wird bewundernd zu Ihnen aufblicken und in Hinkunft nicht müde werden, von Ihren profunden und beeindruckenden Weinkenntnissen zu schwärmen.

Farbe

0   Der Wein hat eine bewundernswerte Ausdruckskraft in der Farbe.

1   Der Wein hat eine für diese Sorte typische Farbe.

2   Auffallend bei der Farbe dieses Weines sind seine leicht schimmernden Reflexe, die besonders bei Kerzenlicht zur Geltung kommen.

3   Der Wein hat einen äußerst beeindruckenden Farbton.

4   Der Wein hat eine Farbe, die das Auge erfreut.

5   Die Farbe dieses Weines ist von absoluter Klarheit und glitzert wie eine Bergsee in der Sonne.

6   Der Wein hat ein einschmeichelndes Farbenflair.

7   Der Wein hat zweifellos einen vorder- oder auch hintergründigen Farbton.

8   In die Augen fallend ist die Farbe dieses Weines mit ihren vielfältigen Schattierungen.

9   Die Farbe dieses Weines ist von großer Transparenz.

Bukett

0   Sein traubiges Bukett ist verschlossen und mit eindrucksvollen Duftkomponenten im Hintergrund versehen.

1   Er hat ein nuanciertes Bukett mit reichen Aromen von wilden Kirschen, Pfirsichen, Aprikosen, Rosen, Rhabarber, Sauerampfer, Brennessel, Stachelbeeren, Brombeeren, mit leichten Nuancen von Mokka, Vanille, Schokolade, Eukalyptus, Melone und Zedernholz. Ein königliches Potpourri der verschiedensten Duftstoffe.

2   Sein faszinierender Duft mit einem delikaten Hauch nach Lindenblüten, Kamille, Zitrone und Honig ist von maskuliner Strenge und angedeuteter Größe.

3   Seine tiefe, typische Sorten-Nase weist einen eigenwilligen Ingwer-, Trüffel- und Ambraschleier auf und ist mit einem kleinen Tupfen von Iris- und Kamillenobertönen versehen.

4   Das mit bezaubernder Anmut ausgestattete Bukett hat ein reiches Aroma nach Kirschen, Brombeeren und Schokolade sowie einen hochfiligranen glasklaren Schiefer- und Pfirsichduft, welcher die Sinne betört.

5   Er ist mit vielfältigen, allerdings versteckten Duftnoten ausstaffiert.

6   Seine Aromen tanzen noch zwischen Efeu, Mokka und roten Beeren und spannen einen weiten Bogen, der im Bukett die Vorzüge eines ausgefallenen Aperitifs andeutet.

7   Sein einschmeichelndes, mit grazilen Duftfragmenten behaftetes Bukett ist von verdeckter Fruchtigkeit.

8   Auffallend ist sein berauschendes Bukett. Ihm entströmen alle »Wohlgerüche Arabiens«, ein wahrhaft sinnliches Vergnügen.

9   Der verführerische Duft, der diesem Wein entströmt, hat delikat-subtile Anklänge nach einem blühenden Obstgarten, welche die Riechnerven in einen wahren Freudentaumel versetzen.

Geschmack

0   Unverkennbar für Weinkenner ist im Geschmack die verschlossene Fruchtigkeit, die auf der Zunge bereits die Größe und Vielschichtigkeit dieses Gewächses andeutet.

1   Der Wein hat im Geschmack eine prächtige Balance und trotz seiner Verspieltheit eine erstaunliche Komplexität, Tiefe und Finesse, wobei die Säure ganz in den Hintergrund gedrängt wird.

2   Er hat einen rustikalen Geschmackscharakter von beinahe fleischiger Fülle mit einem gut strukturierten Körper von männlich beeindruckender Art.

3   Die barocke Extraktfülle, verbunden mit dem vorhandenen Alkoholgehalt, trägt im Geschmack zweifellos viel zur bestehenden Eleganz des Weines bei.

4   Die bemerkenswert ausgeglichene Balance zwischen Süße, Säure, Extrakt und Alkohol erbringt ein interessantes Zungenspiel und verleiht ihm einen höchst eleganten Geschmack mit einem gaumenbeherrschenden, ungewöhnlichen Finish, das noch lange nachklingt.

5   Der Geschmack ist eine Klasse für sich und zeigt internationalen Stil, der sich besonders beim Abgang in einem gewaltigen Finale bemerkbar macht.

6   Am Gaumen entzückt er durch seine himmlische Extraktfülle, die durch einen feinen

Säureschleier und einen kaum spürbaren Süßeschmelz perfekt abgestützt wird.

7   Merken Sie, wie geschmeidig und unwahrscheinlich dicht der Wein über den Gaumen streicht? Er wirkt hinreichend voluminös und charmant, gleichzeitig aber auch etwas leichtgewichtig und fast weich im Geschmack.

8   Im Geschmack zeigt sich eine fein ziselierte Struktur im Körper, die sich besonders durch eine ausdrucksvolle, zugleich aber ausgewogene Fruchtsubstanz mit leichten Würzaromen auszeichnet.

9   Geschmacklich ist er ein ehrlicher Tropfen, der eine hinreißende Finesse mit einem eindrucksvollen Tannin- und Säurebiß hat.

Zusammenfassend kann man sagen:

0   Der Wein verströmt Kraft, Finesse, Üppigkeit und Zartheit in einem Atemzug und weist auf ein großes Zukunftspotential hin. Widerstehen Sie der Versuchung, ihn schon jetzt zu trinken, und lassen Sie dieses wahrhaft paradiesische Elixier noch einige Jahre im Keller schlummern.

1   Der Wein besitzt die Zartheit eines Botticelli-Gemäldes und die barocke Üppigkeit eines Rubens. Ein Wunder von exzellenter Balance

und Finesse, das man nur tropfenweise genießen sollte.

2   Ein Wein von unbändiger, kraftvoll-gebündel-
ter Naturverbundenheit und einem sympa-
thisch-eigenwilligen Charakter. Sein gewalti-
ges Ausbaupotential zeigt sich allerdings noch
so verschlossen wie der Goldtresor von Fort
Knox. Er wirkt wie ein schlafender Gigant, von
dem man nicht weiß, wann er aufwachen
wird.

3   Ein Wein, von der Sonne geprägt, der von
Schluck zu Schluck mehr überzeugt und zugleich ein Gefühl der Vertrautheit erweckt.
Ein regelmäßiges Verkosten in seiner Ent-
wicklungsphase dürfte zu den schönsten Din-
gen des Lebens gehören.

4   Ein Bilderbuchexemplar eines Weines, der
insbesondere durch die Subtilität seiner Aromen elegant und geschmeidig wie eine Gazelle wirkt und an die spielerische Leichtigkeit
einer Mozart-Sinfonie erinnert.

5   Ein sublimer, anschmiegsamer Tropfen mit
viel Sortenprägnanz, bei dem sich in seinem
Rückaroma Duft- und Geschmacksnuancen
der verschiedensten Art abzeichnen. Er läßt
heute schon überzeugende Auspizien für die
Zukunft erahnen.

6   Ein hochinteressanter Wein mit einem fast
morbiden Charme, der noch von einer leben-
digen Säure konterkariert wird. Wenn man

Besonders blumig

diesen Wein nicht sofort trinkt, so hat er zweifellos Chancen, noch älter zu werden.

7   Ein Wein von wahrhaft majestätischer Art, der zugleich die vollendete Stilistik des Hauses präsentiert. Seine vielfältigen Aromen rufen in der Kehle gleichsam einen Wiener Walzer hervor und lassen die Reputation dieses Weingutes noch weiter steigen.

8   Ein Wein, dessen Feuer, Eleganz und Finesse schlechthin eine ideale Ehe bilden und der Augen, Nase und Gaumen in wahres Entzücken versetzt. Die große Aromabrillanz verschafft einen distinguierten, aristokratischen Abgang, der in einem furiosen Schlußakkord endet.

9   Ein wahrer Herkules von gebändigter Körperkraft, großer Komplexität, Tiefe und Finesse, der geradezu ölig die Kehle hinunterfließt. Heute noch ein Rohdiamant, der im Alter seinen letzten Schliff bekommen wird.

Charakterstudie

in Form einer Weinansprache

Bei Geburtstagsfeiern oder anderen Gelegenheiten werden gerne Ansprachen gehalten, die eine bestimmte Person in ihren Mittelpunkt stellen. Wie wäre es, diese zu ehrende Person einmal in Form einer Weinansprache zu charakterisieren? Eine solche humorvolle Charakterbeschreibung könnte beispielsweise so aussehen (wobei natürlich zum gegebenen Anlaß vielfach variiert oder dazu erfunden werden kann):

Provenienz:	Niederösterreich
Jahrgangsbeurteilung:	für österreichische Verhältnisse recht gut
Rebsorte:	kein Massenträger, Klonung nicht möglich, Pfropfreben mit guter Hauptprüfung
Erziehungsform:	hohe
Produzent:	gutbürgerliche Abstammung
Qualität:	eindeutiger Auslesetyp, kein Sauser!
Ausbau:	– eher trocken und nervig, nicht lieblich, nur wenig Restzucker – immer lieblich, mit deutlichem Restzucker
Farbe:	– feurig, jedoch mit leicht maderisiertem Farbton – etwas trübe, keineswegs kristall klar und spiegelblank
Bukett:	– schwach entwickelt, aber mit großer Zukunft – dezent mit subtilen Nuancen – unheimlich aromatisch
Blume:	– keine, nach dem Rasieren allerdings deutlicher After-shave-Duft – eine Duftorgie nach Eau de Cologne

Charakter:	– edel, markant und ehrlich, selten rauh oder gar kratzig – ein schwerer Roter mit charaktervollem Profil – frisch und spritzig, leicht beschwingt, einladend und vielversprechend – frühreif, mit beginnender Edelfäule
Geschmack:	– geschmeidig mit angenehm rauchigem Unterton – sauber und gediegen, mit charmanten Untertönen – ordinär, aber sehr beliebt
Körper:	– nicht sehr schlank, eher rund und üppig – elegant, ohne viel Rückgrat, beginnt bereits zu verblassen
Harmonie:	– ohne besondere Finesse, jedoch sympathisch abgerundet – etwas für den ausgefallenen Geschmack – kompromißlos ausgebaut und sympathisch abgerundet
Alter:	kaum merkbar
Abgang (auch Auftritt):	nachhaltig, eindrucksvoll
Depot:	unbekannt, sicherlich aber vorhanden
Gesamteindruck:	– eine wunderschön ausgereifte Rarität, die jetzt dem Höhepunkt zustrebt – eher anspruchslos, jedoch bemerkenswert in seiner Art
Lagerfähigkeit:	– sehr gut, wird von Jahr zu Jahr besser, Gefahr einer Nachgärung bei allzugroßer Aktivität – ausgezeichnet, wird im Laufe der Zeit noch viel Charme entwickeln
Prädikat:	Ökonomierat

Heitere Gedichte
über den Wein

Johann Trojan

Die 88er Weine

In diesem Jahre am Rheine
sind leider gewachsen Weine,
die an Wert nur geringe.
Es reiften nur Säuerlinge
im Verlauf dieses Herbstes;
nur Herberes bracht' er und Herbstes.
Zuviel Regen, zu wenig Sonnenschein
ließ erhofften Segen zerronnen sein.
Nichts Gutes floß in die Tonnen ein.

Der 88er Rheinwein
ist, leider Gottes, kein Wein,
um Leidende zu laben,
um Gram zu begraben,
um zu vertreiben Trauer;
er ist dafür zu sauer.

An der Mosel steht es noch schlimmer,
da hört man nichts als Gewimmer,
nichts als Ächzen und Stöhnen,
von den Vätern und den Söhnen,
den Müttern und den Töchtern,
über den noch viel schlechtern
Ertrag der heurigen Lese.
Der Wein ist wahrhaft böse,
ein Rachenputzer und Krätzer
wie unter Gläubigen ein Ketzer,
wie ein Strolch, ein gefährlicher,
in dem Kreise Ehrlicher,

unter guten Weinen erscheint er.
Aller Freude ist ein Feind er,
aller Lust ein Verderber.
Sein Geschmack ist fast noch herber
als der des Essigs, des reinen,
ein Wein ist er zum Weinen.

Aber der Wein, der in Sachsen
in diesem Jahr ist gewachsen
und bei Naumburg, im Tale
der rasch fließenden Saale,
der ist saurer noch viele Male
als der sauerste Moselwein.
Wenn du ihn schlürfst in dich hinein,
ist dir, als ob ein Stachelschwein
dir kröche durch deine Kehle,
das deinen Magen als Höhle
erkor, darin zu hausen.
Angst ergreift dich und Grausen.

Aber der Grünberger
ist noch sehr viel ärger,
laß ihn nicht deine Wahl sein!
Gegen ihn ist der Saalwein
noch viel süßer als Zucker.
Es ist ein Wein für die Mucker,
für die schlechtesten Dichter
und dergleichen Gelichter.
Er macht lang die Gesichter,
blaß die Wangen, wie Rasen
so grün färbt er die Nasen.

Wer ihn trinkt, den durchschauert es,
wer ihn trank, der bedauert es.
Er hat etwas so Versauertes,
daß es sich nicht läßt mildern
und nur schwer ist zu schildern
in Worten und in Bildern.

Aber der Züllichauer
ist noch zwölfmal so sauer
als der Wein von Grünberg.
Der ist an Säure ein Zwerg
gegen den Wein von Züllichau.
Wie eine borstige wilde Sau
sich verhält zur zarten Taube,
so verhält sich, das glaube,
dieser Wein zu dem Rebensaft
aus Schlesien; er ist schauderhaft,
er ist gräßlich und greulich.
Über die Maßen abscheulich.
Man sollte ihn nur auf Schächerbänken
den Gästen in die Becher schenken,
mit ihm nur schwere Verbrecher tränken.
Aber nicht ehrliche Zecher kränken.

Wenn du einmal kommst
in diesem Winter nach Bomst,
deine Erfahrung zu mehren,
und man setzt dir, um dich zu ehren,
die heurigen Bomster Weine vor,
dann bitt ich dich, sieh dich fein vor,
daß du nichts davon verschüttest

und dein Gewand nicht zerrüttest,
weil er Löcher frißt in die Kleider
und auch in das Schuhwerk leider.
Fällt ein Tropfen davon auf den Tisch,
so fährt er mit lautem Gezisch
gleich hindurch die Platte.
Eisen zerstört er wie Watte,
durch Stahl geht er wie durch Butter,
er ist aller Sauerkeit Mutter.

Standhalten vor diesem Sauern
weder Schlösser noch Mauern.
Es löst mit dem scharfen Bomster Wein
sich Granit auf und Ziegelstein.
Diamanten werden sogleich,
in ihn hineingelegt, pflaumenweich.
Aus Platin macht er Mürbeteig.
Dieses vergiß nicht, fallst du kommst
in diesem Winter nach Bomst.

Spätlese

Bernulf Bruckner

Welcher Wein zu welchem Essen?

Ein gutes Essen, ohne Wein,
kann nie ein »gutes Essen« sein!
Selbst fürstlich Speise, fein serviert,
wird weinlos gleichsam ruiniert.

Dagegen: Guter Wein zum Essen
läßt auch ein schwaches Mahl vergessen,
und mittelmäßig Koch-Ergebnis
wird dieserart zum Freß-Erlebnis.

Freilich, zum Feinschmeck-Ideal
braucht's guten Wein *und* gutes Mahl,
denn dankbar registriert's der Gast,
wenn beides zueinander paßt.

Erlebt er ja in Vollendung
des Gaumens ursächlich Verwendung,
der unbeirrt signalisiert,
wenn Hochgenüsse er verspürt.

Zwar sind da Regeln, die besagen,
welch Weine wann sind aufzutragen,
zu welcher Speise harmoniert
er gut, und wie wird temperiert,

doch gibt der Inhalt, brav und bieder,
zumeist nur Allgemeines wieder,
weil man sich häufig, routiniert,
an Allgemeinem orientiert.

Da heißt's dann einfach für den Tisch:
Der weiße Wein gehört zum Fisch,
der rote paßt zu Fleisch und Wild,
und fertig ist das Bild, das gilt.

Ganz abgesehen, daß am Schluß
auch dieser Satz nicht stimmen muß –
zum Beispiel helles Fleisch, gegrillt,
verträgt auch Weißwein, gut gekühlt –

geht die Empfehlung, bin so frei,
an Wesentlichem ganz vorbei.
Gottlob, der Küchenkunst Ergüsse
bereiten uns weit mehr Genüsse

als oberhalben angeführt,
drum seien weitere selektiert,
die's durchaus wert erscheinen lassen
zu überlegen, was kann passen?

Nicht das geringste gibt's zu tuscheln:
Mit *Schalentieren, Krabben, Muscheln,*
versteht sich blendend ein Wachauer,
ein schöner Riesling, fruchtig-sauer,

wie auch ein trockener Veltliner!
Dafür paßt der Gewürztraminer
zum Beispiel traumhaft zu *Pasteten,*
zu gut gewürzten und zu fetten.

Die *Gänseleber* ausgenommen –
hier kann man viele Tips bekommen:
Von Sherry, Portwein ist zu lesen
bis hin zu Trockenbeerauslesen.

Den süßen Wein, der nicht so leicht
zu einem Mahle wird gereicht,
empfinde ideal ich seither –
als Gänseleber-Wegbegleiter –

seitdem ich erstmals ausprobierte,
wie gut er wirklich harmonierte!
(Und außerdem gut passen soll er
zu schimmeligem *Gorgonzola.*)

Nicht einig bin ich mit »Experten«,
die Wein empfehlen zu *Desserten.*
Die »süßen Bomben« geben aus
und lassen Weinen keine Chance.

Als einziges zu *Süßem* schmeckt
ein Glas Champagner oder Sekt,
der übrigens, doch das ist klar,
auch prima paßt zu *Kaviar,*

zu *Austern* und zu *Fischterrinen.*
Hier kann auch nobler Weißwein dienen:
Nebst Montrachet und Pinot gris,
wählt vorzugsweise man Chablis.

Zu *Suppen,* kräftig oder fein,
kann ich nur raten: niemals Wein!
Der Regel Ausnahme indes
heißt *Fischsuppe,* heißt *Bouillabaisse.*

Zu ihr, wie überhaupt zu *Fischen,*
ist trockner Weißwein aufzutischen.
Ein österreichischer Weißburgunder
empfiehlt sich da als Gaumenwunder!

Zu *Vorgerichten,* zu *Gemüsen,*
wird gern Rosé-Wein angepriesen,
doch nicht aus Sachverständigkeit,
nein, sondern aus Verlegenheit.

Denn schwierig ist herauszufinden,
was paßt. Hier gilt es zu ergründen,
bevor man fix zur Weinwahl schreitet,
was wurde (und wie) zubereitet?

Zu *Spargel* und zu *Artischocken*
ein Welschriesling, schön kühl und trocken,
erscheint, zu Unrecht oft verleugnet,
mir außerordentlich geeignet.

Doch andrerseits ist zu betonen:
Mit *Auberginen, Erbsen, Bohnen,*
mit dunkleren Gemüsesorten,
vermählen mehr sich Rotweinsorten.

Ein Südtiroler Cabernet,
ein junger, frischer Beaujolais,
ein Blaufränkisch vom Burgenland
bezeugen da viel Sachverstand.

Noch zu *Gemüsen* einen Rat:
Man reiche Wein nicht zu Spinat!
Es läßt sich dieserart beweisen,
daß er nicht paßt zu allen Speisen.

Denn auch zu scharf gewürztem Essen
muß man den Rebensaft vergessen.
(Zu *Gulasch, Curries* requirier
ich vorzugsweis ein Krügel Bier!)

Wie schon gesagt, in den Gedichten,
paßt Wein zu vielen *Fleischgerichten*,
doch muß man, um sich auszukennen,
erst helleres vom dunklen trennen.

Bei *hellem Fleisch*, wie *Kalb* und *Huhn*,
beginnt die Frag' sich aufzutun:
Will Weißwein ich? (dann voll und rund,
aus der Wachau, aus dem Burgund)

Tja, oder soll's ein Roter sein?
(dann aber junger, leichter Wein)
Chiantis, wenn noch jugendlich,
sie haben einiges für sich.

Bei *dunklem Fleisch,* beim *Rinderbraten,*
sind volle Weine anzuraten.
Ein Rotwein ist da allemal
des Weingenießers erste Wahl.

Rioja- und Chiantiweine
(hier sind's die ältren, die ich meine),
wie auch ein Châteauneuf-du-Pape,
die runden so ein Essen ab.

Zu *Lammfleisch* paßt Burgunder-Adel
und auch Barolos ohne Tadel;
zu Wild, zum Rehbock oder so,
trinkt sich vortrefflich ein Bordeaux ...

Bisweilen werd ich (etwas) böse,
wenn ich von »Wein und *Käse*« lese –
hier scheiden sich der Küchenmeister
und auch der Weinexperten Geister.

Der eine: »Käse nimmt«, so sagt er,
»den meisten Weinen den Charakter!«
Der andere, voll Überzeugung,
glaubt an jedweden Weines Eignung.

Ich halte nichts von beider Sitte,
die Wahrheit liegt mehr in der Mitte!
Natürlich, zarter Spätburgunder
geht neben einem *Roquefort* unter;

da braucht es Weine, körperreich,
extraktvoll, mächtig, wuchtig, weich.
Dann dominiert der Wein den Käse
dank fülliger Voluminöse.

Ein Kalifornier, kraftvoll, schwer,
gehört zu diesen Käsen her,
und selbst ein lieblicher Sauternes
steht Würzigem durchaus nicht fern.

Zu *weichen Käsen,* rahmig-zart,
und auch zu *festren,* knackig-hart,
stehn fruchtig Weine zu Gebote
mit ausgeprägter Eigennote:

Ein Müller-Thurgau, ein Muskat,
auch ein Sylvaner, so man hat.
Soll's Roter sein im rechten Ton,
dann harmoniert ein Côte du Rhône.

Bei *Reis* und *Teig* und all den *Nudeln*
kommt man goutierend leicht ins Trudeln.
Die Vielfalt aller Möglichkeiten,
dieselbigen zuzubereiten,

erschließen alle Varianten,
einschließlich aller »Wein-Verwandten«.
Hier gibt's zur Speisen-Weinvermählung
nur eine einzige Empfehlung:

Statt dem, »was man zu wählen pflegt«,
trink einfach, was dir selber schmeckt!
Was generell mir, nicht verfehlt,
als Schlußbemerkung gut gefällt ...

Nachsatz:

Die ganz erlesnen, feinen Weine
genießt man mehr für sich alleine;
sie schmecken dann besonders schön –
ihr Preis läßt leichter sich verstehn!

Bernulf Bruckner

Über das Weinverkosten

Schau, da sitzen die Experten,
um die Weine zu bewerten,
schnuppern, schnüffeln und probieren,
süffeln und analysieren,
kosten, schmatzen, schnalzen, schlürfen,
tun, was andere nicht dürfen,

wenn sie, statt den Wein zu schlucken,
achtlos in den Napf ihn spucken.
(Dies erhält zwar die Ekstase,
doch belastet's nicht die Blase.)

Allesamt sind sie vom Fache,
gehn mit größtem Ernst zur Sache,
kritzeln Noten aufs Papier
mit untrüglichem Gespür,
das, im Sinn des Konsument',
Minderes von Gutem trennt.

Ganz verzückt versinkt die Nase
weltentrückt im vollen Glase,
und das Antlitz, merkt es Klasse,
es verzerrt sich zur Grimasse.

Einer, der zusammenzuckt,
hat sich keineswegs verschluckt,
sondern nur erschreckt entdeckt,
daß der Wein exotisch schmeckt.
Und sein Weinverstand, der rührt sich:

»Dies Gewächs hier ist so würzig,
wie man selten eines findet!«
Kaum jedoch hat er's verkündet,
lüftet er der Tasche Lasche
und – sieht eine Essigflasche!

Während Wein wohl jeder trinkt
(und danach beschwingt besingt),
eignet sich mit *dem* Bukett
Essig mehr zur Vinaigrette.

Zwar ist solches Tun betrüblich
(bei der Weinkost auch nicht üblich),
doch im Freundeskreise, merke,
gehen »Freunde« so zu Werke,
um den Tester reinzulegen
(freilich nur der »Gaudi« wegen!).

Daß seriöses Weinverkosten
mehr ist, als sich zuzuprosten,
weil's nach strengen Regeln abläuft,
weiß man, wenn man einmal mitsäuft:

Dienlich der Charakterisierung
ist die Vorklassifizierung;
Farbe, Reinheit und Geruch
schlagen allesamt zu Buch.
Schließlich, ob den Wein man mag,
das entscheidet der Geschmack.

Heikel wird des Kosters Job,
hat er Hunderte zur Prob'.
Trotzdem, ob des Weinverkostens
neidet man ihn seines Postens,
weil er, hat man's doch erlebt,
auch privat sein Gläschen hebt.

Dabei ist doch einzusehn,
daß er gerne Wein trinkt, denn
als geplagter Weinverkoster
braucht erst recht den Wein als Trost er ...

Bernulf Bruckner

Zur Wein(an)sprache

Häufig ist der Gast verwirrt,
wird die Weinkost kommentiert,
wenn, trotz Konzentration,
er kaum was versteht davon.

Schuld daran ist jene Sprache,
der sich jedermann »vom Fache«
(hin und wieder übertreibend)
eifrig widmet, weinbeschreibend.

Es gemahnt ans Reich der Fabeln,
hört man all die Fachvokabeln!
Ach, was darf ein Gläschen Wein
fachchinesisch alles sein:

Ist er »dick, dumpf, dünn, doch duftig«
oder »lieblich, lustig, luftig«?
Schmeckt er »mollig, muffig, matt«
oder »kratzig, kurz und fad«?

Hat er einen »schönen Schweif«,
ist er »schnalzig«, ist er »reif«,
etwas »bukettiert« mit »Neuerl«
oder mit »markantem Feuerl«?

Schmeckt er »delikat, dezent«,
und erkennt man konsequent,
daß heraus aus allen ragt er,
dann besitzt der Wein »Charakter«.

Ist hingegen ein Gewächs
»ungeschmeidig«, nicht »komplex«,
hat es »Stich«, ist »stumpf und sperr«,
gibt es einfach nichts mehr her.

Lange weiterführen ließe,
von der »Herbe« bis zur »Süße«,
von der »Leere« bis zur »Tiefe«,
sich die Liste der Begriffe.

Lassen wir's dabei bewenden
und die Übersicht hier enden.
Will der Leser mehr davon,
blättre er im Lexikon,

das (mein eignes ist gemeint)
mittlerweile schon erscheint!

Oskar Meyer-Elbing

Goldene Regeln für Weinsäuglinge

Bist du geladen zu Kennern von Weinen,
Die Keller haben voll köstlichen, feinen
Perlen der Nahe, der Saar und des Mains,
Blumen der Mosel und Kronen des Rheins,
Hör' zu, mein Sohn, ich meine es gut:
    Sei auf der Hut!

Denn nichts ist schlimmer, so will's mir
    scheinen,
Als diese zu teilen mit Kaffern, gemeinen,
Die keine Ahnung haben vom edlen Naß.
Taumeln nachher bezecht auf der Gaß',
Saufen den Wein, als wäre es Wasser:
    Das sind nur Prasser!

Ehe du eintriffst zu Weingelagen,
Sorge dafür, daß voll ist dein Magen
Mit kräftiger Kost, doch nicht süßen Speisen.
Dies ist ein Rat, der beste, von Weisen,
Erprobt und bewährt beim Trinken des Weins!
    Nun merk' dir noch eins:

Sobald dir ein Glas kredenzt ist,
Halt's hoch und sieh, wie die Farb' ist.
Wenn sie dem Regenwasser ähnlich,
Dann ist der Wein noch jung und grämlich;
Doch ist sie gelblich, dunkel, goldig gar,
So ist's ein ält'rer Wein fürwahr.

Dann merk' den Jahrgang dir, auch wie er
    ist benannt,
      Und trink ihn mit Verstand!

Das ist so einfach nicht, du kannst mir's
    glauben,
Drum will ich mir jetzt hier erlauben,
Dir anzugeben, wie man's macht,
Damit der Kenner nicht gar lacht,
Wenn du das Glas zum Munde führst,
Womöglich gar den Wein umrührst,
Nachdem du Zucker tatest dran –
    Man merkt dir gleich den Säugling an!

Sahst du dich an der Farbe satt,
Prüf', ob er eine Blume hat!
Sie duftet köstlich nur bei guten, ältern
    Weinen,
Nach Essigsäure oft bei schlechten,
    kleinen.
Auch Korkgeruch kommt manchmal vor,
Dann schüttle dich und sieh dich vor,
Setz' ab das Glas, trink nicht den Wein,
    Du würdest sonst kein Kenner sein.

Doch hast du Fehler nicht entdeckt,
Gar heimlich schon am Wein geleckt,
Dann schlürf' den ersten Zug hinein –
Mach' rund die Zung' wie'n Rinnelein,
Drück' sie dann hoch zum Gaumensegel,

Schnalz’ mit der Zunge wie ein Flegel. –
Beim zweiten Schluck mußt du dann kauen.
    Du schöpfst Vertrauen!

Im Kreise laß die Äuglein blinken
Und sage nur: »Den kann man trinken!«
Trink langsam Schluck für Schluck fürbaß,
Leer’ nie auf einen Zug das Glas.
Daran man schon erkennen kann,
Ob du als echter Trinkersmann
Zu schätzen weißt die Himmelsgabe;
    Sie wäre sonst für dich zu schade!

Es kommen immer neue Spitzen
Und bald schon hast du einen sitzen.
Es schwirren Worte durch den Saal,
Wie: Spritzig, würzig, kolossal,
Feinsäuerlich, hat Erdgeschmack,
Zu leicht, zu schwer, s’ist Lumpenpack! –
Laß reden sie, misch’ dich nicht r’ein –
    Trink, trink den Wein!

Wenn diese Regeln du beherzt,
Humor besitzt und öfters scherzt,
Das Rauchen läßt und Brot verlangst,
Eh’ nach ’ner neuen Sort’ du langst –
Auch Salz kannst du dir geben lassen
Und deine Wirte leben lassen! –
Betrink getrost dich – auf mein Wort: –
    Als Kenner giltst du nun hinfort!

Hedwig Witte

Die Weinprobe zu Eberbach

Zu Eberbach am großen Faß
der Prior sprach zum Abte:
»Gelobt sei Gott ohn' Unterlaß,
der uns stets reichlich labte.

Um ihn in seiner Vaterhut
mit Herz und Zung' zu loben,
geziemt sich's, daß dies teure Gut
wir öfters sorgsam proben.«

So kamen sie auf ihrem Gang
wohl an ein Fäßlein Weines,
das lag dort schon viel Jahre lang
(ich glaub, es war ein kleines).

Es sprach der Abt: »Sieh her, mein Sohn
probier's! Es dünkt mich heute,
als klänge da ein fremder Ton
in dieses Wein's Geläute.

Nach Eisen – möcht' mir scheinen sehr,
will der Geschmack mich dünken:
Doch Gott schuf Eisen wohl zur Wehr,
gewißlich nicht zum Trinken!«

Der Pater Prior spitzt den Mund
mit Schlürfen, Schmatzen, Proben,
die Hände legt um's Bäuchlein rund:
»Der Wein ist hoch zu loben.«

»Ein Mund voll Fülle, rund und schwer,
ein Hauptwein – das merkt jeder,
jedoch der Abtrunk hinterher
bedeucht mich fast – wie Leder.«

Sie probten her und probten hin,
der Fall ließ sie nicht schlafen,
ob Leder oder Eisen drin ...
Wen sollt' man Lügen strafen?

Sie tranken aus bis auf den Grund,
weil halbe Arbeit Sünde,
und schauten oben durch den Spund,
ob sich die Ursach' finde.

Am Lederband ein Schlüsselpaar
von Eisen lag inmitten,
das dort dem Abt vor einem Jahr
war aus der Hand geglitten.

Da lobten Gott sie alle gern
und priesen ihre Zungen,
die von der Herrlichkeit des Herrn
mit Gnade war'n durchdrungen.

Oskar Meyer-Elbing

Wer früh und spät ...

Wer früh und spät dem Trunk fröhnt
mit blauer Nas' und roten Augen,
wer Zung' und Gaumen frech verhöhnt,
und Weine sauft, die gar nicht taugen.
Wem nur die Menge Hauptsach' ist,
die er verständnislos vertrinkt,
wer sinnlos oft betrunken ist.
Und dann in tiefen Schlaf versinkt,
mit Wasser guten Wein verdirbt,
und Essigsäure hält für Wein,
ist wert, daß er im Rinnstein stirbt!
Ein Säufer ist's – pfui, wie gemein!
Doch wer beim Trinken mäßig ist,
mag ihn auch Purpurröte schmücken,
wer Kenner alter Weine ist,
der Edelzecher höchst Entzücken,
wer jeder Flasche Ursprung kennt,
die namenlos man setzt ihm vor,
wer auch den Jahrgang richtig nennt,
den Sonnenschein einst bracht hervor,
die Gottesgabe weiß zu schätzen,
sich mal betrinkt so recht und schlecht;
zu dem will ich mich gerne setzen,
den Trinker nenn' ich – weingerecht.

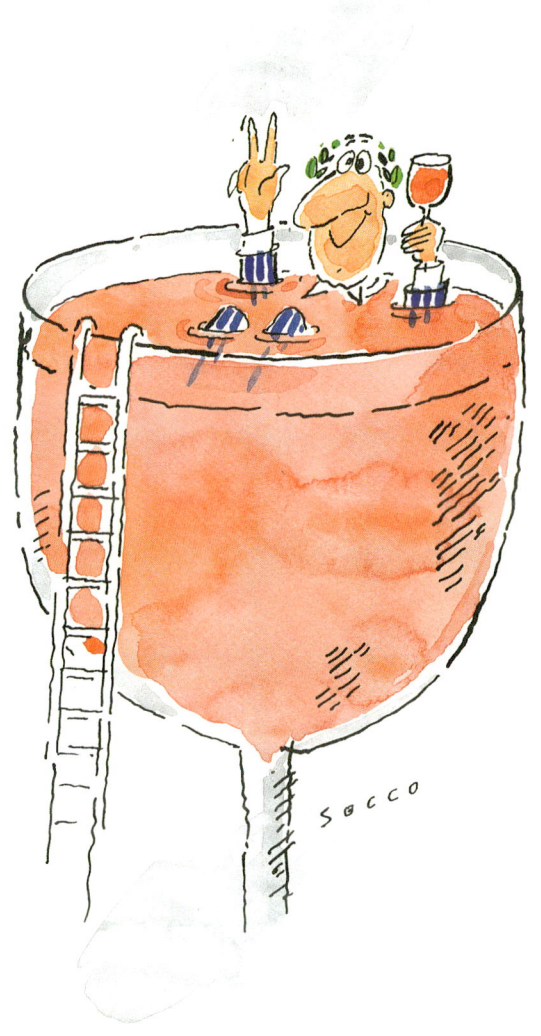

Weinbad

Friedrich A. Cornelssen

Frauen erkennt man beim Wein

Frauen,
die guten Wein aufmerksam
kosten, sind zuverlässig und treu.
Man beichtet ihnen gerne seine
Sünden. Weiß man keine, erfindet
man sie, um bei diesen Frauen
beichten zu dürfen.

Frauen,
die den frischen, herben Wein
lieben, sind häufig etwas anstren-
gender, aber kurzweiliger und
kerniger Natur. Sie brauchen viel
Haushaltsgeld.

Frauen,
die den milden lieblichen Wein
lieben, haben viel Charme und
gehen frühzeitig schlafen, ihre
Männer sind viel müde.

Frauen,
die ein Glas Wein in einem Zug
achtlos herunterkippen, sind
originell, sind kapriziös; doch
meine Herren, Vorsicht vor ihren
pikanten Schroffheiten, sie beißen.

Frauen,
die auch einen einfachen Wein mit
Genuß trinken, geben schwester-
liche Küsse. Mit ihnen geht man
gern abends in die Kneipe.

Frauen,
die an jedem Wein etwas auszu-
setzen haben, sind mißtrauisch und
neigen zur Eifersucht. Vorsicht, mit
ihnen trinkt man am besten Trester-
schnaps.

Rudolf von Endt

Wieviele Gläser ...

Wenn Sie *ein Glas Wein* getrunken
haben, dann ist das erste, was
Ihnen auffällt, daß Sie bisher alles
viel zu ernst genommen haben.

Nach dem *zweiten* Glas Wein
beginnen Sie, vom großen Gepäck
Ihres Lebens schon einiges als
überflüssig abzulegen.

Nach dem *dritten* Glas Wein
probiert Ihr Geist sich fröhlich ein
Ballettröckchen an, um ...

nach dem *vierten* Glas Wein ein
paar verwegene Sprünge zu
machen, als ob Ihnen Flügel
gewachsen wären.

Nach dem *fünften* Glas Wein treibt
Ihr Geist mit den ausgewachsenen
Flügeln eine schwungvolle Gym-
nastik, und Sie werden originell.

Nach dem *sechsten* und allen
weiteren Gläsern Wein erscheinen
Ihnen sämtliche Probleme gelöst!

Rudolf von Endt

Es prüfen die kundigen Zungen ...

Es prüfen die kundigen Zungen
den Wein, der zur Probe gestellt.
Es wird nicht gezecht, nicht gesungen,
nur Andacht beseelt diese Welt.
Gold strahlt aus den Gläsern, die blitzen.
Die Blume steigt zart voller Duft
hinauf zu den Nasenspitzen,
die schnuppern die göttliche Luft.
Ein Schlückchen schlürft kullernd
    bedächtig
die Zunge entlang bis zum Schlund.

Ein zweites noch – das ist verdächtig –
schlüpft in den verlangenden Mund.
Gesprochen wird nichts, nur ganz stille
erhebt sich ein Augenaufschlag.
In ihm drängt der Köstlichkeit Fülle
sich schmunzelnd und ehrlich zu Tag.
Ein Leuchten geht stumm durch die
    Männer.
Ganz leise nickt einer: »Ja, ja«.
Kein Wort brauchen zünftige Kenner,
ihr Urteil ist stillschweigend da.

Friedrich Rückert

Man kann ...

Man kann, wenn wir es überlegen,
Wein trinken fünf Ursachen wegen:
erstens: um eines Festtages willen,
zweitens: um den Durst zu stillen,
drittens: künft'gen abzuwehren,
viertens: dem guten Wein zu Ehren,
fünftens: um jeder Ursach willen.

Volksmund

Frühmorgens tut ein Gläschen gut,
desgleichen zu Mittage,
am Nachmittag nichts schaden tut,
bringt abends keine Plage.
Dagegen soll ein Gläschen Wein
um Mitternacht nicht schädlich sein.

●

Der Wein, der Wein ist Goldes wert.
Er lindert alle Schmerzen,
er macht die Dummen oft gelehrt
und bessert böse Herzen.

Roland Betsch

Im Wein ...

Im Wein sind Mühe, Winzers Fleiß,
Im Wein sind Sonne, Sorg' und Schweiß,
Im Wein ist Erde neu erstanden,
Im Wein ist Geist aus Väters Landen,
Im Wein sind Schöpfung, Hoffen, Bangen,
Im Wein sind Jahre eingefangen,
Im Wein sind Wahrheit, Leben, Tod,
Im Wein der Pendelschlag der Zeit
Wir selbst sind Teil von Wein und Leben,
Im Wein spiegelt sich das Leben.

Johann Chr. Friedrich Haug

Wo ist der Wein von gestern hin?

Wo ist der Wein von gestern hin?
Wir tranken ihn, wir tranken ihn!
Wo aber ist der Wein von heut'?
Er steht zum Trinken vor Euch, Leut'!
Und wo sind die Weine für morgen?
In Kufen geborgen! In Kufen geborgen!
Lebt wohl, ihr getrunkenen Weine!
Euch loben in der Gruft die Gebeine.
Herauf, ihr Starken aus der Kufe,
Auf! folget unserem Jubelrufe.
Heil euch, ihr Tät'gen in den Fässern,
glüht, um euch für uns zu bessern.

Silentium

Silentium! Der Kantus steigt:
Jeder Stand hat wack're Zecher!
Ratsherr oder Ferkelstecher,
Zähne- oder Steinebrecher,
Flaschenspüler, Meister, Schüler,
Amtmann oder Rentempfänger,
Schallsackpfeiffer oder Sänger,
Pferde- und Geflügelzüchter,
Lampenputzer, Maler, Dichter
und dergleichen Kunstgelichter,
finst're Paragraphenrichter,
Reichsverweser, Posthornbläser,
Schnitzer, Tischler, Hobler, Fräser,
Rettich- und Radieschenpflanzer,
Krieger mit und ohne Panzer,
Senf- und Mostrich-Laboranten,
Gaukler, Wandermusikanten,
Sattler nebst Berufsverwandten,
alle sind sie einverstanden,
daß des Weines Zauberkraft
allerbeste Stimmung schafft!
Scherenschleifer, Körbeflechter,
Schweineschlächter, Pächter, Wächter,
Trödler, Trommler, Fahnenträger,
Mädchen- oder Bärenjäger,
Schornsteinfeger, Münzempfänger,
Armenpfleger, Scheitesäger,
Kupferschmiede, Rosselenker,
Köche, Kasserollenschwenker, Löffelstanzer,

Bratenwender und noch andere Sakramenter,
Studiosi, einerlei,
wer und was ein jeder sei,
Advokaten und Prälaten,
Bürstenbinder auch nicht minder,
Karpfenfischer, Kesselflicker,
Westen- und Krawattensticker,
Ärzte, Elexieranpreiser,
Franziskaner und Karthäuser,
Handwerksvolk im Lendenschurz,
Seifensieder, Schuster, kurz,
Bettelvögte oder Kaiser:
wer da Wein trinkt, ist ein Weiser!

Trinksprüche, Widmungen

und Aphorismen

Der Geist kann nicht im Trockenen wohnen.
Hl. Augustinus

Hätte ich drei Wünsche frei,
ein guter Wein wär stets dabei.

Zum Glücklichsein gehört nicht viel,
nur Liebe, Wein und Fußballspiel.

Trinken ist eine Sache,
Wein genießen eine andere!

Trinken und Liebe
sind edle Triebe.

Trink, solang der Becher winkt,
nütze deine Tage,
ob man im Himmel weitertrinkt,
das ist eine Frage.

Meinen Wein trink ich allein;
niemand setzt mir Schranken,
ich hab' so meine eigenen Gedanken.
J. W. Goethe

Es ist ein Brauch seit alter Zeit,
man hält für Gäste Wein bereit.

Der Wein ist unter den Getränken das
nützlichste,
unter den Arzneien die schmackhafteste,
unter den Nahrungsmitteln das angenehmste.

Plutarch

Wein kann doppelt so gut schmecken,
wenn man sich einredet,
der Arzt hätte es verordnet.

Den Wein als Medizin genommen,
ist jedem wohl noch gut bekommen,
denn dieser edle Rebensaft,
bringt Freude, Heiterkeit und Kraft.

Trinkst mäßig du den Rebensaft,
so spendet er dir seine Kraft.
Doch gibst dem Unmaß du dich hin,
verlierst du deine Kraft an ihn.

Karl Christoffel

Es ist besser, Wein mit Verstand,
als Wasser mit Hochmut zu trinken.

Trink dein' Wein mäßig mit Genuß,
Saufen bringt dir nur Verdruß.

Wer keinen Wein trinkt,
dem entgeht viel Genuß.
Wer aber den Wein falsch trinkt,
verdirbt sich und anderen den Genuß.

Richelieú

Trinke Wein mit Vernunft,
und du bleibst gesund.

So setz das Gläslein an den Mund,
und trink es aus bis auf den Grund.

Qui bon vin boit
Dieu voit
(Schenkst Du guten ein,
schaust Du Gott im Wein)

Zisterzienserspruch

Am Rausch ist nicht der Wein schuld,
sondern der Trinker.
Konfuzius

Österreichs Weine wollen nicht getrunken,
sondern genossen, erlebt und zelebriert
werden.
Sie gelten als Befreier des Geistes, weil sie
von den Zwängen des Alltags erlösen,
doch nur für den, der bereit ist, ihnen mit
Wissen und Achtung zu begegnen.

Das Trinken lernt der Mensch zuerst,
viel später erst das Essen,
drum soll er auch aus Dankbarkeit,
das Trinken nicht vergessen.

Sollte dich der Weinteufel necken,
laß' die Autoschlüssel stecken.

Promille im Blut ist nicht fein,
drum meide Bier, Schnaps und Wein.

Trink solange es schmecken tut,
spar nicht an Geld und Gut.

Trinkspruch
Ich blicke links, ich blicke rechts,
auf das Wohl des weiblichen Geschlechts!
Ich blicke rechts, ich blicke links,
auf das Wohl – na, von dem Ding's!

Solange man trinken kann,
läßt sich's noch glücklich sein.
   J. W. Goethe

Trink ihn aus, den Trank der Labe,
und vergiß den großen Schmerz.
Wundervoll ist Bacchus' Gabe,
Balsam für's zerrissene Herz!
   Friedrich Schiller

Wer den letzten Trunk getan,
fängt von vorne wieder an.

Der Trunk ist ein Laster,
aber ein schönes.

Die besten Vergrößerungs-Gläser für die
Freuden dieser Welt sind jene,
aus denen man trinkt.
   Joachim Ringelnatz

Ein neuer Mensch zu werden,
das hab' ich versprochen.
Ich habe diesen Schwur
auch nie gebrochen.
Doch wie's so ist
im Alltag's Brauch,
der neue Mensch säuft eben auch.

Durst ist schlimmer als Heimweh.

Es ist besser, voll guten Weines zu sterben,
als voll Durst.
Französische Erkenntnis

Verdursten ist der schlimmste Tod.

Endet einst mein Lebenslauf,
hört mit mir mein Durst auch auf.

Wein spült die Nieren,
löscht den Durst,
schmeckt auch zu Käse und zu Wurst.

Beim Weißwein *denkt* man an Dummheiten,
beim Rotwein *spricht* man Dummheiten,
beim Sekt *macht* man Dummheiten.
Henri Vidal

Beim Wein erkennt man die Leute.
Deutsche Weisheit

Wir bewirten keine Gäste,
sondern Freunde des Hauses.

Wo guter Wein und Freunde sind,
dort ist das Leben fröhlich und hat Sinn.

Wein ist in Flaschen gefüllte Poesie.
Robert Louis Stevenson

Der Wein ist das beste Frostschutzmittel für
die Seele.
Rudolf von Endt

Rotwein ist für alte Knaben,
eine von den besten Gaben.
Wilhelm Busch

Wo man Wein trinkt, kannst ruhig lachen,
böse Menschen trinken schärf're Sachen.

Einen Menschen namens Meyer
schubst man aus des Hauses Tor,
und man sagt, betrunken sei er,
selber kam's ihm nicht so vor.
Wilhelm Busch

Im Wein liegt Wahrheit –
und mit der stößt man überall an.
Friedrich Hegel

In vino veritas!
(Im Wein liegt Wahrheit)

Bei alten Weinen wird es problematisch:
Aus welcher Zeit stammt seine Wahrheit?
Gabriel Laub

Selbst weinfesten Menschen geht es schlecht,
wenn sie zuviel Wahrheit geschluckt haben.
Gabriel Laub

Wer die Wahrheit im Wein finden will,
darf die Suche nicht schon beim ersten Glas
aufgeben.
Werner Mitsch

Wozu die Wahrheit im Kaffeesatz suchen,
da sie doch so angenehm im Wein
untergebracht ist.
André Brie

Die Politiker schenken uns den reinsten
Wein ein: ohne Beimischung von Wahrheit.
Gabriel Laub

Im Wein liegt die Wahrheit,
sagte der Pantscher,
als er sein Produkt abfüllte.
Werner Schneyder

Wahrheit im Wein?
Verdirbt das nicht den Geschmack?
Gabriel Laub

Die Wahrheit ist im Wein,
das heißt: In unseren Tagen
muß einer betrunken sein,
um Lust zu haben, die Wahrheit zu sagen.
Friedrich Rückert

Zitate
Zum Korken:
Traurig der Korken, der nur mit dem Hintern diesem Wein zugewandt ist!
Zum Riesling:
Ein wahrhaft schöner Dauer-Beriesling!
Zum Eiswein:
Der Gipfel über allen Bergen, eisig aus den Wolken ragend – sonnenverklärt.

Beim Wein ist es wie in der Politik.
Man merkt erst hinterher, welche
Flaschen man gewählt hat.

Wein trinkt man nicht nur. Man riecht ihn,
man betrachtet ihn, man schmeckt ihn, man
schlürft ihn – und man spricht über ihn.

Ein trockener Wein kommt nackt über die
Zunge; er steht völlig bloß da und kein
Restzucker vermag eine unschöne Stelle zu
verdecken.
August F. Winkler

Was der Knoblauch in der Küche,
das ist der Barriquewein beim Essen.

Der Schütter

Wein ist die edelste Gabe der geist-
durchdrungenen lebenswarmen Natur.

Gottfried Keller

Auf den Höhen liegt der Nebel,
in den Tälern zieht er ein,
warum soll der Mensch im Leben
nicht auch mal benebelt sein.

Schau her, wie ich den Tropfen wieg' und
prüfe auf der Zunge.
Geruhsam sei der Halsabstieg, das merke
dir mein Junge.

Friedrich von Bodenstedt

Der Wein erhält uns jung,
gibt uns den rechten Schwung,
darum sind wir auch heiter
und trinken immer weiter.

Der Wein steigt in das Gehirn,
macht es sinnig, schnell und erfinderisch,
voll von feurigen und schönen Bildern.

William Shakespeare

Ist der Wein im Manne,
ist der Verstand in der Kanne.

Bei Trunk und Scherz
bleibt froh das Herz.

Acht Tage war der Vater krank,
jetzt trinkt er wieder, Gott sei Dank!
   Wilhelm Busch

Ein gutes Buch, ein Glas voll Wein,
so läßt's sich herrlich »einsam« sein.

Der Weise schießt nicht übers Ziel,
er trinkt bedächtig, aber viel.

Schon mancher ist versunken,
aber noch keiner ist ertrunken
in einem Becher Wein.

Ein Achterl trink ich, weil ich durstig bin,
ein zweites, weil's mir schmeckt,
ein drittes, weil's nach meinem Sinn,
den Geist das vierte weckt.
Ich greif zum fünften dann,
weil ich's nicht lassen kann.
Ich trinke gern das sechste,
beim siebenten seufze ich weh und ach,
denn auch die Füße werden schwach.
Und tränke ich das achte nicht,
verlör' ich ganz das Gleichgewicht.

Wird einer früh vom Tod getroffen,
so heißt's: Er hat zu viel gesoffen.
Stirbt einer von den Alten,
so heißt's: Der Wein hat ihn erhalten.

Wie ist's dem Menschen doch so wohl,
trinkt er vom bösen Alkohol.
Wer aber trinkt vom frommen Tee,
hat immer Kopf- und Magenweh.

Hast du eine geschwollene Drüse,
trink Wein und iß Gemüse.

Hast du Kummer mit den Deinen,
dann trinke einen.
Ist der Kummer nicht vorbei,
dann trinke zwei.
Hört das Elend gar nicht auf,
dann sauf!

Bier ist Menschenwerk,
Wein aber ist von Gott!
Martin Luther

Bier auf Wein, das lasse sein!
Wein auf Bier, das rat' ich dir.

Der größte Feind der Menschheit wohl
ist und bleibt der Alkohol.
Doch in der Bibel steht geschrieben:
Du sollst auch deine Feinde lieben.

Der Wein ist eine Delikatess,
den trinkt der Pfarrer selbst zur Mess.

Es trinkt der Mensch,
es säuft das Pferd,
manchmal ist es umgekehrt.

Wenn du so säufst wie dein Vater,
dann hast du jeden Tag 'nen Kater.

Guter Wein macht frohen Mut,
süßer Wein macht heißes Blut,
saurer Wein löscht alle Glut,
Wein am Bein macht Übermut.

Wein und Weiber sind auf Erden
aller Weisen Hochgenuß,
denn sie lassen selig werden,
ohne daß man sterben muß.

Alter Wein und junge Weiber,
sind die besten Zeitvertreiber.

Ohne Wein und ohne Weiber
hol' der Teufel unsere Leiber.
          J. W. Goethe

Fässer und junge Weiber
haben immer gleiche Leiber.
Bald sind sie voll, bald sind sie leer,
das kommt stets von den Herren her.

Oh, dieses Weib –
man muß es einmal sagen,
ist nur im Suffe zu ertragen.

Zuviel kann man wohl trinken,
doch nie trinkt man genug.

> *G. E. Lessing*

Trink so wie eine Schnecke läuft,
und nicht wie ein Ferkel säuft.

Wer Wein trinkt – betet;
wer Wein säuft – sündigt!

> *Theodor Heuss*

Wer Wein trinkt ohne Dankbarkeit und
Andacht, der säuft!
Wer aber Wein trinkt in tiefer Dankbarkeit
und stiller Andacht, der betet.
Daher lasset uns beten!

Trinke nie ein Glas zu wenig,
denn kein Richter oder König
kann von diesem Staatsverbrechen
eure Seele ledig sprechen.
Lieber eins zuviel getrunken
und darauf in stiller Kammer
Buße tun beim Katzenjammer.

Trink' Wein, aber sauf' nicht,
disputier', aber rauf' nicht.

Wer nicht liebt Wein, Weib und Gesang,
der bleibt ein Narr sein Leben lang.

> *Matthias Claudius*

Das ist die größte Kunst auf Erden,
ohne Wein im Leben alt zu werden.

Wer als Wein- und Weiberhasser
jedermann im Wege steht,
der esse Brot und trinke Wasser
bis er daran zugrunde geht.

Wilhelm Busch

Essen und Trinken
hält Leib und Seele zusammen.

Auf einen guten Bissen
gehört ein guter Trunk.

Glut hat nur ein junges Weib,
Frost kommt mit den Jahren.
Bei dem Wein soll's anders sein,
Kraft hat nur der alte Wein.

Theodor Körner

Wein ist stärker als Wasser,
das gestehen auch seine Hasser.

G. E. Lessing

Sorgen bringt das lieben Leben,
Sorgenbrecher sind die Reben.

J. W. Goethe

Was sich soll klären,
das muß erst gären.

Aus feuchten, tiefen Kellern
ein süßes Düftchen weht,
der Mann ist zu bedauern,
der hier vorübergeht.

An einem Rausch ist das schönste der
Augenblick, in dem er anfängt –,
und die Erinnerung an ihn.
   Kurt Tucholsky

Der Wein hilft uns, die Dämonen zu
vertreiben, die sich auch in aufgeklärten
Zeitaltern noch einstellen.
   Thaddäus Troll

Solang ich lebe, lieb' ich den Wein,
denn er vertreibt Furcht und Pein,
verjagt Melancholie und Schmerzen
bringt Sonnenschein in unsere Herzen.

Im Wasser kannst du dein Antlitz sehen,
im Wein des anderen Herz erspähen.
   Rolf Jeromin

Dem edlen Getränk
die richtige Würde erweisen,
kannst du mit kluger Rede
und klarem Sinn in froher Runde beweisen.

Die nicht lieben, trinken, rauchen,
sind auch sonst nicht zu gebrauchen.

Der Wein wirkt stärkend auf den Geistes-
zustand, den er vorfindet:
Er macht die Dummen dümmer,
die Klugen klüger.

Jean Paul

Wer andern eine Grube gräbt,
fällt meistens selbst hinein;
wer Wein trinkt, solange er lebt,
wird immer oben sein.

Wasser allein macht stumm,
das zeigen im Teiche die Fische.
Wein allein macht dumm,
das zeigen die Herren am Tische.
Um weder dumm noch stumm zu sein,
trinke ich das Wasser vermischt mit Wein.

J. W. Goethe

Dem Ochsen gibt das Wasser Kraft,
dem Menschen der edle Traubensaft,
drum lieber Freund trink edlen Wein,
du willst doch wohl kein Ochse sein.

Wein, das war sein letztes Wort,
dann trugen ihn die Eng'lein fort.

Grabinschrift
Hier liegt Johannes Weindl,
er lebte wie ein Schweindl,
gesoffen hat er wie a Kuh,
der Herr gib ihm die ew'ge Ruh.

In der Jugend gelebt, geliebt, gesoffen
und nun alles vom Arzt erhoffen.

Das Leben ist kurz,
drum mach was daraus,
erhebe dein Glas
und trinke es aus.

Rund ist die Sonne, rund ist das Geld,
rund sind die Fässer, rund ist die Welt.
Heinrich Seidel

Laßt die Gläser klingen,
trinkt, bis euch die Schädel springen.

Wer weder lieben noch trinken kann,
den sieht man nur voll Mitleid an.

Sauf'st, dann stirb'st,
sauf'st net, stirbst auch.
Also sauf!

Ohne Trinken schmeckt kein Essen.

Der Weise wird das Essen
beim Trinken nicht vergessen.

Man soll den Wein nicht vor dem Kater loben.

Alle Leute können gaffen,
wenn ich mit meinem Affen
vergnügt nach Hause gehe.

Halt hoch die Ehre der Gastronomie,
das Glas zuviel, das trinke nie.

Wie der Stamm und seine Äste,
so der Wirt und seine Gäste.

Der Wirt ist nicht der beste,
der *mehr* trinkt als die Gäste.

Ein guter Gast drückt weder die Preise
noch die Kellnerin.

Wie der Schenk,
so's Getränk.

Es ist nicht leicht,
du mußt gestehen,
vom Stammtisch weg
nach Haus zu gehen.

Hätten die Lebensgeister so viel Weisheit
wie der Arzt,
dann bliebe uns das Krankenhaus erspart.

Bist du beim Trinken,
bleib ruhig dabei,
deine Frau schimpft um zehn
genauso wie um zwei.

Wenn ich Durst habe, sieht es keiner.
Wenn ich besoffen bin, sehen es alle.

Ich trinke mit Dir aus einem Faß,
aber bestimmt nicht aus einem Glas.

Die letzte Flasche, die umfällt,
kann jeder selbst sein.

Sollen deine Erben lachen,
mußt du neben Siebensachen
ihnen ein Faß Wein vermachen.

Wein ist der Glättstein des Trübsinns,
der Wetzstein des Stumpfsinns,
der Brettstein des Siegers im Schach.
Ja, Wein ist der Meister der Menschen
und Geister,
der Feige macht dreister
und stärker, was schwach.
Der Kranke gesund macht,
Blaßwangige bunt macht,
Verborgenes kundmacht
und Morgen aus Nacht!
Friedrich Rückert

Man riecht schon die Keller.
Die stehen nacheinander,
die weißen, die gelben,
mit grasgrünem Tor.
Ein Sprüchel zu Häupten
zwei Luken an den Seiten
und steinalte Mander,
die hocken davor.
Josef Weinheber

Gewaltig endet so das Jahr.
Mit gold'nem Wein
und Frucht der Gärten.

Georg Trakl

Du sollst nicht nur nach Weinbergslagen,
auch nach dem Winzer mußt du fragen.
Denn siebzehnmal geht er, bald grad, bald
krumm,
das Jahr hindurch um jeden Rebstock 'rum.

Der liebe Gott hat nicht gewollt,
daß edler Wein verderben sollt',
darum hat er auch zum Saft der Reben
den nötigen Durst hinzugegeben!

Volksmund

Das Leben ist viel zu kurz,
um schlechten Wein zu trinken.

Trunken müssen wir alle sein!
Jugend ist Trunkenheit ohne Wein;
trinkt sich das Alter wieder zur Jugend,
so ist es wundervolle Tugend.
Für Sorgen sorgt das liebe Leben,
und Sorgenbrecher sind die Reben.

J. W. Goethe

Essen ist eine Notwendigkeit –
sich auf's Essen und Trinken zu verstehen,
ist eine Kunst.

Brillat-Savarin

So trinkt ihn denn,
und lasset allerwege
uns freu'n und glücklich sein.
Und wüßten wir,
wo jemand traurig läge,
wir gäben ihm den Wein.

Claudius

Heut' weiß ich nicht,
ob der Sonne Licht
morgen ich noch schau,
daß ich aber, wenn ich lebe,
Gott sei Dank mein Glas erhebe,
weiß ich ganz genau.

Guter Wein leert schnell den Beutel,
schlechter schadet dem Magen;
besser aber ist's, den Beutel
als den guten Magen zu plagen.

Ob ich morgen leben werde,
weiß ich freilich nicht.
Aber wenn ich morgen lebe,
daß ich morgen trinken werde,
weiß ich ganz genau.

G. E. Lessing

Greift in den Reichtum dieser Erde,
wählt zum Freund heut' den Wein,
Euch wird das Glück beschieden werden,
des besten Freundes – Freund zu sein.

Vom Urbeginn der Schöpfung
ist dem Wein eine Kraft beigegeben,
um den schattigen Weg der Wahrheit zu
erhellen.
Dante

Weinkarte,
wenn mit Phantasie gelesen –
ist fast so schön,
wie wirklich voll gewesen.
Carl Zuckmayer

Vom betörenden Weine besiegelt,
welcher den Weisesten oft anreizt zum
lauten Gesange,
ihn zum herzlichen Lachen und
Gaukeltanz verleitet,
und manch' Wort ihm entlockt,
das besser wäre verschwiegen.
Homer

Essen ist ein Bedürfnis des Magens,
Trinken eines der Seele.
Ersteres ist gewöhnliches Handwerk,
letzteres Kunst.
Cloud Tillier

Dem Kinde, wie's schreit und stöhnt,
wird bald die Flasche abgewöhnt.
Jedoch das ew'ge Kind im Mann,
gewöhnt sie sich dann wieder an.
Eugen Roth

Der Wein ist die Rolltreppe in die
Behaglichkeit unseres Innenlebens.

Hans Georg Dörr

Im Winter trink' ich und singe Lieder,
aus Freude, daß der Frühling nah ist;
und kommt der Frühling, trink' ich wieder,
aus Freude, daß er endlich da ist.

Friedrich von Bodenstedt

Guter Wein hat diesen Lohn,
daß man lange lebt davon.

Freiherr von Abschatz

Ein Trinkgefäß, sobald es leer,
macht keine rechte Freude mehr.

Wilhelm Busch

So nehmet auch den schönsten Krug,
den wir mit frischem Trunk gefüllt,
ich bring ihn zu und wünsche laut,
daß er nicht nur den Durst euch stillt:
Die Zahl der Tropfen, die er hegt,
sei euren Tagen zugelegt.

J. W. Goethe

So gehen die Getränke an uns vorüber.
Die unbeschwerten zuerst,
dann die blumigen,
zuletzt die aromatischen.

Brillat-Savarin

Aber diese kleine tägliche Flasche macht
mich besser,
löst in mir edlere Empfindungen,
vornehmere Gedanken
und altruistische Entschließungen aus.
Und mit solchem Glas Wein könnte ich
vielleicht
gerade so gut sein, als manche Leut' mich
dafürhalten.

Peter Rosegger

Wer einen guten Tropfen liebt,
und auch ein klares Wort verdaut,
dem könnt ihr vertrauen,
das ist eine ehrliche Haut.

Wer Wein trinkt, schläft gut.
Wer gut schläft, sündigt nicht.
Wer nicht sündigt, wird selig.
Wer also gut Wein trinkt,
wird selig.

William Shakespeare

Die zehn

1.

Du sollst deinem Winzer glauben.

2.

Du sollst deinen Winzer loben, schätzen und
preisen überall.

3.

Du sollst deinen Heurigenwirt ehren und nicht
ärgern, damit wenigstens er lange lebt.

4.

Du sollst jeden Sonn- und Feiertag deinen
Stammheurigen besuchen, auch wenn
du nicht viel Geld haben solltest.

5.

Du sollst, wenn du einen Rausch hast, nicht
lärmen oder schlagen, sondern ihn
stolz, schweigsam und leise zu deiner
Frau nach Hause tragen.

Buschenschankgebote

6.

Du sollst beim Heurigen nicht unanständig sein
und schlechte Witze nur leise erzählen.

7.

Du sollst bei der Zeche deinen Weinkonsum
richtig angeben und auch nicht deinem
Nachbarn den Wein austrinken.

8.

Du sollst nicht begehren deines Wirtes Frau,
denn die gehört deinem Heurigenwirt.

9.

Du sollst nicht begehren Speis' und Trank, wenn
du nicht alles bezahlen kannst.

10.

Du sollst alle diese Gebote strikt einhalten, damit
du nicht in die Hölle kommst, in einer
Pfanne gebraten wirst und ewig Durst
leiden mußt.

Quellennachweis

Die »Alt-Ottakringer Pilgerfahrt« (S. 11–14) entstammt dem Buch »Wien wörtlich« von Josef Weinheber, erschienen im Otto Müller Verlag, Salzburg 1985. Die Gedichte von Bernulf Bruckner »Welcher Wein zum Essen?« (S. 86–93), »Über das Weinverkosten« (S. 94–96) und »Zur Wein(an)sprache« (S. 97–98) wurden dem Buch »Weinbrevier« von Bernulf Bruckner entnommen, erschienen im Eigenverlag. Die Gedichte »Frauen erkennt man beim Wein« von F. A. Cornelssen (S. 106–107) und „Wieviele Gläser …« (S. 108) von Rudolf v. Endt entstammen dem Buch »Die fröhliche Weinprobe« von Friedrich A. Cornelssen, erschienen im Seewald Verlag, Stuttgart 1976².